奥薗壽子

奥薗流・まごわやさしい健康料理

いいことずくめの113品

文化出版局

CONTENTS

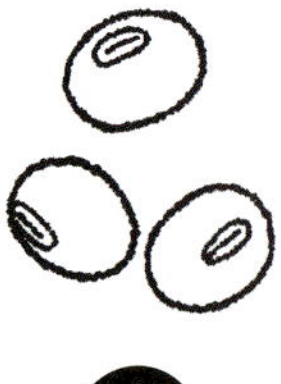

ま

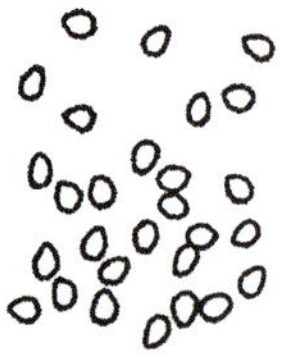

ご

使用している計量カップは200㎖、計量スプーンの大さじは15㎖、小さじは5㎖です。

わ

や

さ

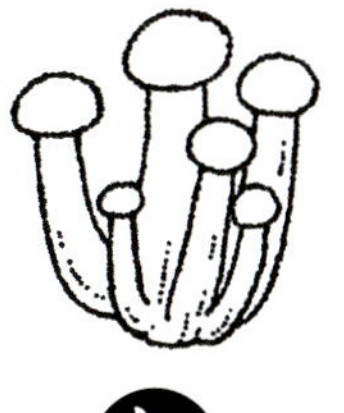

し

い

健康への扉を開く、魔法の呪文――

まごわやさしい

これは、いいことずくめの呪文です。

まは、豆類のま。

ごは、ごまのご。

わは、わかめなどの海藻類。

やは、野菜。

さは、魚をはじめとする魚介類。

しは、しめじ、しいたけなどのきのこ類。

いは、いも類。

つまり、まごわやさしいとは、昔から日本人が食べてきた体にいい食材の頭文字です。

最近、日本人の食卓はとっても豊かになって、いつでも食べたいものが食べたいだけ手に入るようになりました。その一方で、食のバランスが大きく崩れているのも事実。だからこそバランスのいい食事で健康を維持し、不調を回復したいと思っている人も多いのではないでしょうか。でもバランスのいい食事って何？ どうすればバランスよく食べることができる？

そこで！まごわやさしいなのです。

このいいことずくめの呪文を、たとえば今日の夕飯の献立を考えるときに、ちょっとつぶやいてみるんです。あるいは、昨日食べたものを思い返しながら、唱えてみるのです。するとどうでしょう？ ああ、そういえば最近豆腐を食べていないなあとか、海藻類を使っていないなあとか、肉が続いていて魚を食べていなかったなあとか。この言葉を口にするだけで、自分の食生活のいいところ、悪いところ、足りないところ、多すぎるところ、いろんなことに次から次へと気づくと思いませんか？

まごわやさしいは、日本人が昔から親しんできた食材だけに、どれも優れたものばかり。食物繊維やミネラル、ビタミンなどが豊富で、低カロリーのものも多く、またよくかんで食べることで早食いや食べ過ぎの防止の手助けをしてくれるものもたくさんあります。ですから、日々の食事の中に取り入れるだけで、難しい計算や知識がなくても、簡単に食事のバランスがとれるというわけです。

実際に私自身、このまごわやさしいのおかげで健康を保っている一人です。料理研究家という仕事柄、普段からいろんなものをバランスよく食べているように思われるかもしれませんが、実は食べ方のくせがあって、知らず知らずのうちに偏っているものなのです。

たとえば私の場合、加熱に時間がかかるいも類がなかなか料理できなかったり、鮮度のいい魚が手に入りにくいので、ついつい肉ばかりになったり。それがまごわやさしいとつぶやくことで、それまで気づかなかった、そんな食のくせに気づくことができたんです。

今ではいもを食べてないなと思ったらさつまいもをオーブンにほうり込んでささっと焼きいもを作ったり、みそ汁に多すぎるくらいのわかめを入れてみたり、何にでもちりめんじゃこをぱらぱらふってみたり。それだけで足りなかったものが補えたような気がして元気になれるんです。

食べること、料理することは毎日毎日の連続です。今日完璧だったので、明日はいいかげんでもいいやというものではありません。毎日がんばりすぎない程度のことを、淡々と続けていくことこそが大事です。だからまごわやさしいで、ときどき反省したり、自分をほめてみたり、足りない分を補ったり、それくらいの気楽ながんばり方がちょうどいいと思うんです。

この本では、思い立ったらすぐにささっと作れるように、シンプルで簡単な料理ばかりを集めてみました。食べてないなあと気づいても、いつか今度、時間のあるときに料理しようっていうのでは、なかなか実際に作って食べられませんから。

また、味つけもしょうゆ、みそ、塩といったごくありふれたものを使っているので、繰り返し食べても飽きることがないものばかりです。また、大豆、高野豆腐、ひじき、干ししいたけ、昆布などの乾物類は、前作の『奥薗流・いいことずくめの乾物料理』で紹介しているので、そちらのほうもぜひ参考にしてみてください。

アリババが「開けーごま！」と叫んで宝物の隠し場所の扉をあけたように、まごわやさしいの呪文で、一人でも多くの人の健康への扉が開きますように。

ま

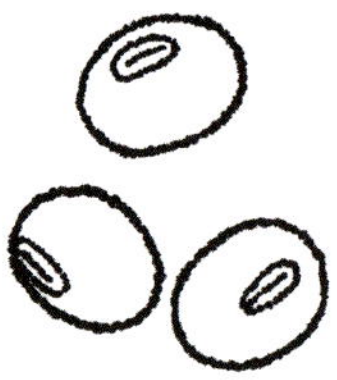

「ま」は豆類のことです。

豆類の中には、大豆、あずき、金時豆、白いんげん、ひよこ豆などの乾燥豆、そら豆や枝豆といった未熟の状態で食べる豆、豆腐、納豆といった大豆の加工品、またみそやしょうゆといった豆の調味料などが含まれます。それぞれの豆にはそれぞれ違ったおいしさがあり、食べ方もいろいろです。この本では最も日本人になじみのある大豆の加工品を中心に、レシピを紹介しました。

〈大豆の栄養〉

①植物性たんぱく質
畑の肉といわれるように、肉に匹敵するくらいの良質の植物性たんぱく質を豊富に含んでいます。

②ビタミン、ミネラル
ビタミンB_1、ビタミンEなどのビタミン類に加え、カルシウム、鉄分、マグネシウムなども豊富。

③イソフラボン
イソフラボンを豊富に含みます。イソフラボンは体に入ると女性ホルモンに似た作用をすることで知られており、骨粗鬆症の予防、コレステロールの上昇防止、更年期障害の緩和などの効果があるといわれています。

大豆イソフラボンの過剰摂取も問題にされていますが、一日に納豆なら2パック、豆腐なら1丁、豆乳なら約500ml程度ならまったく問題ありません。

④レシチン、サポニン
レシチンは血中コレステロールを調整し、動脈硬化の予防、脳の活性化などの効果が期待でき、またサポニンは血中の脂質を減らす効果があるといわれています。

〈大豆製品〉

ゆで大豆、豆腐、湯葉、きな粉、納豆、豆乳、おから、厚揚げ、油揚げ、高野豆腐など。

大豆、黒豆、高野豆腐の料理法は、前作『奥薗流・いいことずくめの乾物料理』も参考にしてみてください。

奥薗流おすすめ素材

豆腐

豆腐は木綿豆腐と絹ごし豆腐のほかに、最近はにがりを入れて固めただけのおぼろ豆腐や、お菓子のようにとろりとした食感のものなど、いろいろな豆腐が売られるようになりました。

おすすめポイント★①調理しなくてもすぐに食べられる。
②消化がいい。
③味にくせがないので調理の幅が広い。
④価格が安定していて、手に入りやすい。

保存方法★封を開けていないものはそのまま冷蔵庫で。使いかけのものは、新しい水につけ、毎日水を取り替えながら冷蔵庫で。

おまけ情報★豆乳とにがりを混ぜたものを、そのまま容器に流し込んで固めた充塡豆腐は、比較的長期保存ができます。

奥薗流おすすめ素材

厚揚げ

厚揚げ、油揚げ、がんもどきなど、豆腐を揚げて作る加工品は、豆腐よりカロリーは高めですが、カルシウムや鉄分を豊富に含んでいるのが特徴です。

おすすめポイント★①手に入りやすい。
②油揚げやがんもどきに比べてカロリーが低め。
③食べごたえがあるので、肉代りに使える。

保存方法★日もちがしないので、買ってきたら冷蔵庫に入れて、できるだけ早く食べるようにしてください。冷凍には向きません。

おまけ情報★油抜きについては、買ってきてすぐの新しいものなら、表面の油を軽くキッチンペーパーでふく程度でも大丈夫ですが、熱湯をさっとかけたり、流しの湯で表面を洗う程度でも、表面の油は落ちます。

奥薗流おすすめ素材

おから

水につけた大豆をミキサーでペースト状にしてしぼったものが豆乳、残ったものがおからです。豆腐のしぼりかすのイメージがありますが、カルシウム、マグネシウム、鉄分などのミネラルはたっぷり残っています。

おすすめポイント★①食物繊維の豊富さ。
おからに大量に含まれる食物繊維は不溶性なので、便秘解消はもちろん、腸内の有害物質を外に出して腸内環境を整える効果があります。
また満腹感を得やすく腹もちがいいので、肥満の予防、改善の効果などが期待できます。

保存方法★日もちがしないので、買ってきたら100gくらいずつ小分けにしてラップに包み、冷凍保存するのがおすすめです。解凍は自然解凍でも電子レンジでも。

おまけ情報★メーカーによって、ぱらぱらのもの、しっとりしているもの、と状態がかなり違います。この本で紹介したレシピはぱらりとしたタイプのものを使っています。しっとりタイプのおからの場合は、フライパンでからいりするか(写真)、状態を見ながらラップなしで電子レンジにかけて水分を飛ばせばOKです。

奥薗流おすすめ素材

豆乳

豆乳には、調整豆乳と無調整豆乳、そして豆乳に果汁や香料などを加えた豆乳飲料があります。メーカーによって濃度や味が違うので、自分の好みに合ったものを探してみてください。

おすすめポイント★①手軽さ。
200mlあたりで、一日にとりたいイソフラボンの約½量を手軽にとることができます。そのまま飲める手軽さはもちろん、コーヒーや紅茶と合わせたり、スープやみそ汁、シチューに入れたり、普段の食事に気軽にプラスできるのもいいところです。

保存方法★封を開けるとあまり日もちがしません。家族が少なく大量に消費できないときは、多少割高でも、少量パックのものを買置きするのがおすすめです。

おまけ情報★加熱しすぎたり、カルシウムやマグネシウムを含むものを入れると凝固してしまうので、豆乳は料理の最後に加えて火を通しすぎないこと、にがりの入った塩やみそなどは最後に入れること、などに気をつけると、見た目もおいしい豆乳料理が作れます。

ごまだれ豆腐

材料(2人分)

絹ごし豆腐　1丁
A水　1カップ
　昆布(1×10cmのもの)　1枚
　うす口しょうゆ　大さじ1
　みりん　大さじ1
　かつお節　1パック(5g)
　片栗粉　小さじ1
B練りごま　大さじ1
　しょうゆ　小さじ1
　はちみつ　小さじ1

作り方

①鍋にAを入れ(昆布はキッチンばさみで端から細く切りながら入れる)、よく混ぜたら、木べらでかき混ぜながら火にかける。
②とろみがついたら、食べやすく切った豆腐を入れ、ふたをして弱火で煮る。
③Bの練りごまに②の煮汁を大さじ2〜3入れてのばし、残りの調味料を加えて混ぜる。
④豆腐が温まったらあんごと器に盛り、③のごまだれをかける。

✿豆腐にごまだれをかけて混ぜながら食べる、「なんちゃってごま豆腐」というのが私のレシピにあるのですが、これはそれをもう少し料理っぽくグレードアップさせたものです。最初は、練りごまを煮汁の中に入れてごま煮風にしてみたのですが、そうするとごまの風味がなんだか抜けてしまって、おいしくないのです。そこで試行錯誤の末、とろみのある煮汁で煮た後、最後にごまだれをかけるこの形に落ち着きました。食べるときにあんとごまだれを混ぜれば、ごま煮風の味わいになり、ごまだれを煮ないことでごまの風味が口いっぱいに広がるのです。

豆腐ステーキのじゃこねぎソース

材料(2人分)

木綿豆腐　1丁
小麦粉　適宜
ごま油　大さじ1
ちりめんじゃこ　20g
にんにく(みじん切り)　1かけ
長ねぎ(小口切り)　½本
Aしょうゆ　大さじ1
　酢　大さじ1
　みりん　大さじ1

作り方

①豆腐は食べやすく切り、キッチンペーパーで表面の水分をふいて、小麦粉をまぶす。
②フライパンにごま油を入れ、豆腐をこんがり焼いて皿に盛る。
③あいたフライパンに、ちりめんじゃことにんにくを入れて炒め、いい香りがしてきたら長ねぎを入れて炒め、Aを加えて一煮立ちさせる。豆腐の上からたっぷりかけてでき上り。

✿豆腐は表面の水分をキッチンペーパーでふくだけでOK。小麦粉をまぶして焼けば水っぽくなることはありません。ただし、小麦粉をまぶしたらすぐ焼くのがポイントです。

油をひいたフライパンに豆腐を入れたら、こんがりおいしそうな焼き色がつくまで、さわらずにじっと我慢すること、これがおいしく焼くコツです。また、豆腐はちょっと大ぶりに切ったほうが、食べごたえがあり、ごちそう感が出ますね。絹ごしでもできないことはないですが、できれば木綿のほうが、豆腐のおいしさが味わえるように思います。

豆腐のねぎ焼き

材料(2人分)

豆腐(絹または木綿)　1丁

A
- 卵　1個
- 小麦粉　大さじ4
- 塩　少々
- 万能ねぎ　たっぷり

ごま油　大さじ1

かつお節　適宜

お好み焼きソース(またはしょうゆ)　適宜

作り方

① Aの材料をすべて混ぜたところに豆腐を手でくずしながら入れて混ぜる。

② フライパンにごま油を入れ、食べやすい大きさにスプーンですくって落としながら焼く。

③ 両面こんがり焼けたら取り出し、かつお節とお好み焼きソースをかける。

✿お好み焼きを作るとき、生地にくずした豆腐を混ぜるとふんわりやわらかくなっておいしいんです。豆腐って約9割が水分ですから、その水分で小麦粉を練るって感じ。それをもっと手軽にしたのがこのねぎ焼き。このレシピでは豆腐を1丁使っていますが、中途半端に残った豆腐の使いきりレシピとしても重宝します。豆腐の足りない分は水を足せばいいのですから。

　豆腐はざっくり大きめにつぶしても、細かくなるまでよーく混ぜても、それぞれのおいしさがあります。つなぎが少ないので、生地をフライパンに入れたら、固まるまでさわらずに待つと生地が固まり、上手にひっくり返せます。ねぎは万能ねぎでも長ねぎでも。豆腐も絹、木綿どちらでも。

鮭と豆腐のハンバーグ

材料（2人分）

- 木綿豆腐　½丁（150g）
- 麩　20g
- 生鮭　2切れ（200g）
- 塩　小さじ½
- 万能ねぎ（小口切り）　⅓束
- 片栗粉　大さじ1
- ごま油　大さじ1
- 大根おろし　適宜
- ぽん酢しょうゆ　適宜

作り方

①鮭は塩をして5分ほどおき、スプーンで身をこそげ取って包丁でたたく。
②麩をポリ袋に入れて砕いたところに豆腐を入れ、袋の上からもんで混ぜる。
③①の鮭と万能ねぎ、片栗粉も加え混ぜる。
④袋を切って広げ、食べやすく丸めたら、ごま油を入れたフライパンに入れて、両面こんがりと焼く（途中ふたをして蒸焼きにし、中まで火を通す）。
⑤器に盛って大根おろしをのせ、ぽん酢しょうゆをかける。

✿ふつう豆腐のハンバーグというとしっかり水きりをした豆腐を使うのですが、豆腐の水分を麩に吸わせて一気に水きりをしてしまうのが奥薗流。豆腐の水分って、実は豆腐の栄養分やうまみや香りなども含んでいるわけですから、水を捨ててしまうなんてもったいないのです。ここでは鮭を加えましたが、もちろんひき肉を混ぜてもOK。たっぷり食べてもおなかに優しい一品です。豆腐は木綿のほうが作りやすいかと思います。

豆腐とぶりの照焼き

材料（2人分）

豆腐（木綿または絹）　1丁
ぶり　2切れ
塩、小麦粉　各適宜
長ねぎ　1本
ごま油　適宜
A 水　½カップ
　しょうゆ　50ml
　みりん　50ml
　はちみつ　大さじ1〜2
　おろししょうが　1かけ分
七味とうがらし　適宜

ねぎと豆腐のとろみスープ

材料（2人分）

豆腐（絹または木綿）　1丁
A 水　2カップ
　昆布（1×10cmのもの）　1枚
　塩　小さじ½
　しょうゆ　大さじ1
　かつお節　1パック（5g）
　片栗粉　小さじ2
長ねぎ（小口切り）　1本
おろししょうが　1かけ分

作り方

① ぶりは2〜3等分のそぎ切りにし、塩をふって5分ほどおいたら、表面の水分をふいて小麦粉をまぶす。
② 豆腐は食べやすい大きさに切る。長ねぎはぶつ切りにする。
③ フライパンにごま油を入れてぶりをこんがり焼き、横で長ねぎも焼く。
④ 出てきた余分な油をキッチンペーパーでふき取ったら、Aの調味料を加える。沸騰したら豆腐を入れ、煮汁をかけながら煮つめる。
⑤ 2〜3分煮て煮汁が少し煮つまったら器に盛り、好みで七味とうがらしをふる。

✿煮魚を作った次の日は、その煮汁で豆腐とねぎを煮るのがわが家の定番おかずです。煮魚のうまみがたっぷりしみ出たちょっと濃いめの甘辛味って、豆腐とよく合うんですよね。この料理はいきなりそれを作ったごちそうバージョン。ぶりに小麦粉をまぶして焼いてから煮ると、短時間で味がからみ、全体にとろみがつくので豆腐にも味がからみます。豆腐は木綿でも絹でも。魚はぶり以外に鮭やたらなどでもおいしくできます。

作り方

① Aを鍋に入れ（昆布はキッチンばさみで端から細く切りながら入れる。写真）、よく混ぜたら、木べらでかき混ぜながら火にかける。
② ふつふつしてとろみがついてきたら、豆腐をくずしながら入れ、長ねぎも入れたらふたをして弱火で1〜2分煮る。
③ 最後におろししょうがを入れて、でき上り。

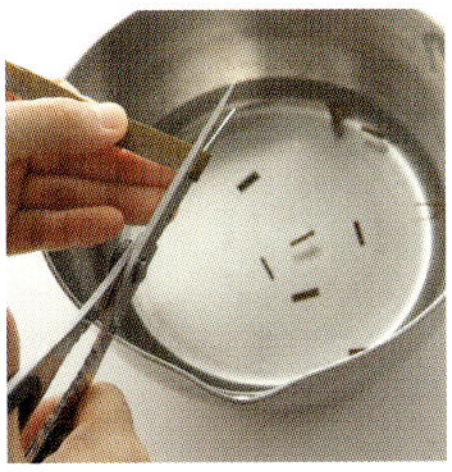

✿つるんとした豆腐ととろみのついたスープ、たっぷりのしょうがとねぎ、寒い日にはこれとご飯だけでも充分ごちそうですね。わが家の娘の好物です。そこで料理初心者の娘が一人でも作れるように、作り方を工夫してみました。つまり最初から昆布とかつお節と調味料と片栗粉、全部一緒に鍋に入れて火にかけ、とろみがついたところに豆腐を入れるだけ。これだと味つけも失敗なく、水溶き片栗がだまになることもありません。しかもとろみのところに豆腐を入れるので、豆腐にもすが立たず、つるりとおいしくできるのです。

厚揚げのチーズ焼き

材料(2人分)
厚揚げ　1枚
長ねぎ　1本
オリーブオイル　大さじ1
ピザ用チーズ　適宜
しょうゆ　適宜

作り方

①厚揚げは小口から1cm幅に切り、長ねぎは斜め切りにする。
②フライパンにオリーブオイルを入れて厚揚げを炒め、おいしそうな焼き色がついたら長ねぎも入れて炒める。
③長ねぎがしんなりしたら、ピザ用チーズを上にのせ、ふたをして蒸焼きにする。
④チーズがとけたらお皿に盛り、しょうゆを回しかける。

✿厚揚げと長ねぎを炒めていたときのこと。なぜかしらチーズをかけてみたくなりまして、ちょっといたずらする気分でやってみたら大成功。和風ピザのような味わいです。おいしく作るコツは、最初に厚揚げをこんがりおいしそうな焼き色がつくまで炒めること。長ねぎは青いところも栄養がたっぷりなので、ぜひ全部使いきってくださいね。ケチャップが味が合いそうに見えますが、しょうゆのほうが味が決まります。

厚揚げともやしの炒め物

材料(2人分)
厚揚げ　1枚
もやし　1袋
万能ねぎ　1/3束
ごま油　大さじ1
A 水　1/2カップ
　しょうゆ　大さじ1
　オイスターソース　大さじ1
　おろししょうが　1かけ分
片栗粉　小さじ1

作り方

①厚揚げは厚みを半分に切って小口から1cm幅に切る。もやしは耐熱容器に入れ、ラップなしで、電子レンジ(600W)に2分かける。万能ねぎはざく切りにする。Aを合わせておく。
②フライパンにごま油を入れて、厚揚げをいい焼き色がつくまで炒める。
③万能ねぎを入れてさっと炒めたら、熱いもやしをさっと混ぜる。
④Aの合せ調味料を回しかけ、全体にとろみがついたらでき上り。

✿厚揚げとしゃきしゃきもやしの組合せって、なんでこんなにおいしいんでしょうね。もやしを失敗なくしゃきっと炒めるには、奥薗流の裏技がおすすめ。

洗ったもやしを耐熱容器に入れ、ラップもふたもせずに2分電子レンジ(600W)にかけるのです。あとは、このしゃきしゃき熱々もやしを、厚揚げを炒めたところに入れて混ぜるだけ。あらかじめ作っておいた合せ調味料は、片栗粉まで入っているので、ジャッと入れて手早く混ぜれば、一気に味がもやしと厚揚げにからまり、味もバッチリ決まります。簡単!!

厚揚げとなすのごまみそ炒め

材料（2人分）

厚揚げ　1枚
なす　3本
塩　適宜
ごま油　大さじ1
A みそ　大さじ2
　はちみつ　大さじ2
　酒　大さじ2
　おろししょうが　1かけ分
　すりごま　大さじ2

作り方

①厚揚げは小口から1cm幅に切る。なすは食べやすく切って塩水（水1カップに塩小さじ1の割合）に5分ほどつける。
②フライパンにごま油を入れて水から取り出したなすを炒め、なすがしんなりしたら厚揚げも入れて炒める。
③いったん火を止めてAを右から順次入れ、フライパンの中で全体にからめたら再び火をつけ、みそが少し焦げるまで炒める。

✿ちょっとしたコツを押さえれば、いつものみそ炒めがあっさりヘルシーに、しかもおいしく作れます。ポイント一つめはなすの下処理。食べやすく切ったなすを塩水に5分くらいつけます。こうすると、なすが油を吸いにくくなり、あっさりしっとり炒めることができるんです。ポイント二つめはみそを少し焦がす感じに炒めること。みそが焦げた香ばしさもごちそうのうちなのです。最後にすりごまを入れるとコクがアップし、さらにおいしくなります。

厚揚げといんげんのしょうが煮

材料(2人分)

厚揚げ　1枚
いんげん　1袋(100g)
A 水　1カップ
　しょうゆ　大さじ2
　みりん　大さじ2
　はちみつ(または砂糖)　小さじ1〜2
　しょうが(せん切り)　1かけ
　昆布(1×10cmのもの)　1枚

作り方

①厚揚げは小口から1cm幅に切る。いんげんはへたを落とし、食べやすく切る。
②鍋にA(昆布はキッチンばさみで端から細く切りながら入れる)、厚揚げ、いんげんを入れて、ふたをして煮る。
③いんげんがくたっとなったら、火を止める。

✿いんげんと厚揚げをじっくり煮ると、ご飯がすすむおかずになるのです。ポイントは、いんげんがしょうゆ色にくたっとやわらかくなるまで煮ること。見た目は少々悪くなりますが、それくらいまで煮たほうが断然おいしいと思います。

厚揚げの含め煮

材料(2人分)

厚揚げ　1枚
A 水　1カップ
　昆布(1×10cmのもの)　1枚
　うす口しょうゆ　大さじ2
　みりん　大さじ2
　はちみつ(または砂糖)　小さじ1
大根おろし　適宜
七味とうがらし　適宜

作り方

①鍋にA(昆布はキッチンばさみで端から細く切りながら入れる)、一口大に切った厚揚げを入れて火にかけ、ふたをせずに5分ほど煮る。
②時間があるときは、火を止めて5〜10分ほどおき、味を含ませる。
③器に盛って、大根おろしをのせ、七味とうがらしをふる。

✿私のふるさとの京都では、とにかく豆腐、油揚げといったものをよく食べます。中でもがんもどきは私の大好物。豆腐屋さんで揚げたてを買ってきたら、そのまましょうがじょうゆで食べたり、あるいは甘辛く煮たり。この厚揚げの含め煮は、子供のころから大好きながんもどきの甘辛煮を、厚揚げで作ったものです。火を止めた後、そのまま煮汁の中で少し冷まして中まで味を含ませるとぐっとおいしくなります。厚揚げを取り出した後、残った煮汁でねぎや春菊や三つ葉などをさっと煮て添えてもいいですよ。

けんちん汁

材料(2人分)

厚揚げ　1枚
水　3カップ
昆布(1×10cmのもの)　1枚
大根(いちょう切り)　10cm
にんじん(いちょう切り)　小½本
しめじ(ほぐす)　1パック
塩　小さじ1
うす口しょうゆ　大さじ½
かつお節　1パック(5g)
長ねぎ(または万能ねぎ)　たっぷり
いりごま　たっぷり
七味とうがらし　適宜

作り方

①鍋に水を入れ、昆布はキッチンばさみで細く切りながら入れる。大根とにんじんも入れ、ふたをして火にかける。
②にんじんがやわらかくなったらしめじを入れ、塩としょうゆで味をつける。
③厚揚げを手でくずしながら入れたら(写真)、かつお節を入れ、長ねぎをたっぷり入れる。
④器に盛って、ごまを手でひねりながらかけ、好みで七味とうがらしをふる。

✿豆腐と野菜を油で炒め、そこにだし汁を入れて煮たのがけんちん汁。野菜がたっぷり食べられるので栄養バランスもよく、おかずにもなる汁物です。
　ところが、けんちん汁って家で作ると、できたてはおいしいのに、ちょっとおくと豆腐から水が出てなんだか味が薄くなったり物足りない味になったりしませんか。そこで、厚揚げを手でくずして最後に入れるのが奥薗流。このやり方なら、厚揚げの油のコクがプラスされつつ、やわらかい豆腐のおいしさもそのまま、食べごたえも充分、失敗なくおいしくできます。

おからふりかけ

材料（2人分）
おから　100g
しょうゆ　大さじ2
かつお節　1パック（5g）
すりごま　大さじ2
青のり　大さじ2

作り方

①おからをフライパンでぱらぱらになるまでいる。
②しょうゆを加えて全体に混ぜる。
③火を止め、かつお節、すりごま、青のりを混ぜる。

✿中途半端におからが残ってしまったとき、こんなふりかけにしておくのも一つの手。ポイントは油をひかないフライパンでおからをいってさらさらになるまで完全に水分を飛ばしてしまい、しょうゆでしっかり味をつけてしまうこと。かつお節やごまを入れてから調味料を入れると、かつお節やごまが水分を吸って全体がべたっとした仕上りになってしまうのです。お弁当にも重宝すること間違いなし。保存は冷蔵庫で1週間。それよりも長期で保存するときは冷凍がおすすめです。

おからの磯辺焼き

材料（2人分）
おから　100g
じゃがいも　2〜3個
焼きのり　適宜
ごま油　適宜
A しょうゆ　大さじ2
 はちみつ　大さじ2

作り方

①じゃがいもをすりおろし、おからと混ぜる。平たく丸めて焼きのりをはる。
②フライパンにごま油を入れて両面こんがり焼き、Aを加えて全体にからめる。

✿おからって、ぼそぼそした食感がどうも苦手で、しっとりおいしく食べる方法はないものかと考えたのがこれです。すりおろしたじゃがいもを混ぜることで、おからとは思えないもちもちとした食感になるのです。じゃがいもとおからの割合は、じゃがいもが多いほうがもちもち感が増します。私はじゃがいもをおからの2倍くらい入れたのが好きですね。ここでは磯辺焼き風にしましたが、ケチャップとチーズをかけてピザ風にしたり、甘みそをぬって五平餅風にするのもおいしいですよ。またこの生地にひき肉や魚のすり身を混ぜるとハンバーグ生地にもなるなど、アイディア次第で応用範囲は限りなく広がります。

おから肉だんご

材料（2人分）

おから　100g
豚ひき肉　100g
A長ねぎ（みじん切り）　1本
　塩　小さじ½
B片栗粉　大さじ3
　水　½カップ
　しょうゆ　大さじ½
ごま油　適宜
からし、酢、しょうゆ　各適宜

作り方

①Aの長ねぎと塩をポリ袋に入れ、袋の上からもむ。
②長ねぎがしんなりしたら、おからとBを加えて混ぜる。
③ひき肉を加えてさらに混ぜたら、袋を切って広げ、食べやすく丸める（写真）。
④フライパンにごま油を入れて、こんがり焼く。
⑤両面こんがり焼けたら器にのせ、からし、酢じょうゆを添える。

✿じゃがいもをすりおろすのがちょっと、という人のために、じゃがいもの代りに片栗粉を使ったレシピも考えてみました。割合としては、おから100gに対して、水½カップと片栗粉大さじ3。この割合で混ぜると、じゃがいもとおからを同量混ぜたのに近い感じになります。
　ここではひき肉を入れて肉だんごにしてみました。これもたくさん作っておけば冷凍保存もできます。スープやカレーに入れてもいいし、甘酢やら照焼き味やら味を変えれば、いろいろに楽しめます。もちろん、お弁当のおかずにもいいですね。

おからのサモサ

材料（2人分）

おから　100g
玉ねぎ（みじん切り）　½個
ツナ缶　小1缶
Aケチャップ　大さじ2
　カレー粉　大さじ½〜1
プロセスチーズ（1cm厚さ）　4切れ
ギョウザの皮　1袋
サラダ油　適宜

作り方

①フライパンにツナを缶汁ごと入れて玉ねぎを炒め、おからを加えてさらに炒める。
②Aで味を調えたら、角切りにしたプロセスチーズを混ぜて火を止める。
③粗熱が取れたらギョウザの皮で包む。
④フライパンに少し多めの油を入れて焼く。両面においしそうな焦げ色がついたらでき上り。

✿サモサというのは、じゃがいもをつぶして香辛料で味をつけ、ギョウザの皮のようなもので包んで揚げたインド料理です。おからとつぶしたじゃがいもの食感が似ているので、おからで作ってみたら、子供たちに好評。わが家の定番になりました。ツナ缶を缶汁ごと加えることとチーズを混ぜることで、おからがしっとり食べやすくなります。チーズはとけるタイプより、普通のプロセスチーズのほうが、チーズの存在感が残ります。包んだものを、そのまま冷凍することもできます。

豆乳ヨーグルトドリンク

材料(2人分)

豆乳　2カップ

A 酢(またはレモン汁)　大さじ2〜4

　はちみつ　大さじ2

作り方

Aを混ぜたところに豆乳を入れて混ぜたらでき上り。

✿私が毎日のように飲んでいるお気に入りの豆乳ドリンクがこれ。豆乳のたんぱく質と酢の酸が反応して、ヨーグルトドリンクのような味わいになるのです。酢の代りにレモン汁やオレンジジュースなど、酸を含むものを使えば同じようにでき、また違ったおいしさになります。

作り方のコツは、最初に酢とはちみつをよく混ぜてから豆乳を加えること。豆乳と酢を混ぜてからはちみつを入れると、はちみつがうまく混ざらないのです。私は無調整豆乳が好きなのですが、調整豆乳でも作れます。

きな粉豆乳蒸しパン

材料(8個分)

豆乳　½カップ

卵　2個

サラダ油　大さじ2

A 小麦粉　100g

　砂糖　50g

　きな粉　30g

　ベーキングパウダー　小さじ1

作り方

① ボウルにAを入れてよく混ぜる。

② 卵、豆乳、サラダ油を加えて泡立て器で混ぜる。

③ 全体に混ざったら、紙ケースを敷いたプリン型に分け入れ、10〜12分蒸す。

✿大豆をいって粉末にしたのが、きな粉。豆乳とは同じ大豆仲間なので、相性はバッチリです。甘さ控えめですが、きな粉の香ばしさでおいしく食べられます。物足りないときは、メイプルシロップなどをかけて食べるのもおすすめ。

蒸しパンというとめんどくさい感じがしますが、プリン型に使い捨ての紙ケースを入れて生地を流し、フライパンに湯を2㎝深さくらい入れて火にかけ、そこに直接プリン型を入れてふたをして蒸すと簡単です。プリン型がないときは、湯のみ、小鉢、そばちょこなど、家にあるものを上手に利用してみてください。

チンゲンサイとハムの豆乳煮

材料(2人分)

A 豆乳　1カップ
　塩　小さじ½
　片栗粉　小さじ2
チンゲンサイ　2株
ハム　5枚
ごま油　大さじ1
酒　大さじ2
塩、こしょう　各適宜

作り方

① Aを混ぜておく。チンゲンサイは食べやすく切る。ハムは細切りにする。
② フライパンにごま油を入れ、チンゲンサイをさっと炒め、塩、こしょうをふる。ハムも入れ、酒を回し入れたらふたをして2〜3分蒸し煮にする。
③ チンゲンサイがしんなりしたら、Aを加え、木べらで混ぜながら火にかける。
④ とろみがついたら最後にこしょうをふってでき上り。

❁豆乳と牛乳って、同じように使えるように思いますが、決定的に違うところが一つありまして、それは牛乳よりも分離しやすいというところです。豆乳の中でも調整豆乳より無調整豆乳のほうが、より分離しやすいですね。分離の原因は、加熱と塩に含まれるマグネシウム(マグネシウムって、豆腐を作るときのにがりの成分ですから、凝固してしまうんです)。ですから、豆乳は料理の最後に入れてあまり煮込まないこと、味つけもできるだけ最後にすること、この二つが豆乳料理をおいしくきれいに仕上げるコツです。

　そんなわけで、この豆乳煮もチンゲンサイとハムだけを最初に蒸し煮にして火を通し、片栗粉と塩と豆乳を混ぜておいたものを最後に入れて、一気にとろみと味をつけています。ハムの代りにえびや帆立なんかもいいですね。なぜかこしょうがよく合います。

鮭ときのこの豆乳シチュー

材料(2人分)

生鮭　2切れ
塩、こしょう　各適宜
小麦粉　適宜
玉ねぎ　1個
しめじ　1パック
ブロッコリー　1個
オリーブオイル　適宜
A 水　1カップ
　昆布(1×10cmのもの)　1枚
B 豆乳　2カップ
　片栗粉　大さじ1
　塩　小さじ½
みそ　大さじ½

作り方

① 生鮭は一口大に切って塩をふり、5分ほどおいてからキッチンペーパーで水分をふいて小麦粉をまぶす。玉ねぎは縦半分に切って横に1cm幅に切り、しめじは食べやすくほぐし、ブロッコリーは小房に切り分ける。
② フライパンにオリーブオイル大さじ1を入れて鮭を焼く。
③ フライパンの汚れをキッチンペーパーでふき、オリーブオイル少々を足して玉ねぎを炒め、Aを加える(昆布はキッチンばさみで端から細く切りながら入れる)。
④ しめじとブロッコリーも加えて、ふたをして5分ほど煮る。
⑤ Bを混ぜたものを一度に加え、木べらで混ぜながら加熱する。
⑥ とろみがついたらみそを煮汁で溶いて加える。味をみて、足りないようなら塩、こしょうで味を調える。

❁豆乳は長時間煮込むと分離してしまうので、ホワイトソースを作るにもちょっとしたコツがあります。野菜を炒めたところに水と昆布を入れて蒸し煮にし、最後に片栗粉入りの豆乳を入れて、一気にとろみをつけようというわけです。バターを使わずにオリーブオイルでホワイトソースを作る場合、豆乳だと豆乳の香りが少し気になり、さっぱりしすぎて物足りない感じがするのですが、最後に隠し味としてみそを少し入れることで、一気にコクがプラスされ、豆乳臭さも消えます。みそを煮汁で溶いて、最後に加えるのがコツです。

ご

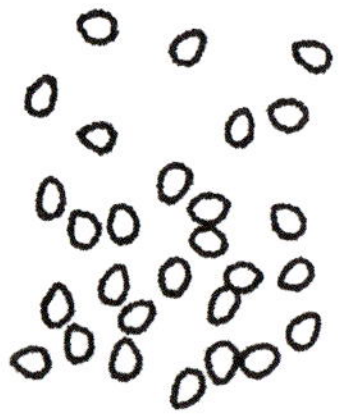

「ご」はごまのことです。

昔から食べる丸薬といわれるように、小さな粒はまさに天然のサプリメントといってもいいくらい、たくさんのミネラル分が詰まっています。しかも、うまみや香り、コクがあり、ごまを加えるだけで料理の味をごまかして(?·)おいしくしてくれる優れもの。白ごまと黒ごまがあります。

〈ごまの栄養〉

①カルシウム

ごま100gに含まれるカルシウムは1200mg、全食品の中でもトップクラス。1回に食べる量を10gとすると、牛乳100mlに含まれるカルシウム量とほぼ同じです。

②鉄分

いりごま100g中に含まれる鉄分は9.9mg。鉄分は体に吸収されにくいミネラルなので、毎日少しずつとるのが大事。ごまなら無理なく鉄分補給ができそうです。

③食物繊維

いりごま100gに含まれる食物繊維は12.6g。水溶性、不溶性、両方の食物繊維を含んでいます。1回にとれる量は微量ですが、コレステロールの減少や動脈硬化の予防、便秘解消効果などが期待できます。

④抗酸化作用

ごまに含まれるセサミン、セサミノール、セサモールには、優れた抗酸化作用があり、肝機能の強化や動脈硬化の予防効果を期待できます。

白ごまと黒ごまでは、栄養的にはほとんど差はありません。

〈ごま製品〉

洗いごま、いりごま、すりごま、練りごま。

洗いごまはいっていないごま。いったものがいりごま、それを細かくすったものがすりごま、ペースト状にしたものが練りごまです。

〈ごまのいり方〉

洗いごまはいらないと食べられませんが、いりごまでも、もう一度さっといると香りが立っておいしくなります。ごまをいるのに、「ほうろく」や「ごまいり器」といった専用の道具もありますが、フライパンでもコツをつかめば上手にできます。

①火にかける前のフライパンにごまを入れる。

フライパンを熱くしてから入れると、あっという間に焦げてしまうのです。

②弱火でじっくり。

強火でいると、あっという間に焦げて香りが悪くなるので、弱火でじっくりと。

③1回にいる量は大さじ4くらいまで。

めんどくさいからといって一度に大量にいろうとすると、加熱むらができて、結局いりすぎたり、いり足りなかったりすることが起こります。少しずつ何回かに分けている、これがコツです。

④ごまがはねてからもう一呼吸。

ごまは香ばしくいり終えるとぱちぱちはねるので、それが終了の一つのサイン。けれど、ぱちぱちいってすぐに火からはずすと、まだ加熱が足りない部分もあるので、もう一呼吸するくらいがちょうどいいと思います。ごまがはねるので、ふたでガードするのもお忘れなく。

奥薗流おすすめ素材

すりごま

いりごまをすったものがすりごまです。黒ごまと白ごまのすりごまがあり、国産、有機栽培などごまの種類もいろいろ。またメーカーによって、すり方に違いがあるので、好みのものを探してみてください。

おすすめポイント★①消化吸収のよさ。②すぐに使える手軽さ。

ごまはかたい皮に覆われているため、そのままでは消化吸収されにくいので、いってすりつぶす必要があります。いったごまをすり鉢でする以外に、手でひねってつぶしたり、包丁でたたくなどの方法もあります。料理のたびにいってするのがいちばん香りがいいのですが、気持ちや時間に余裕がないときはすりごまになっているものを使うのも手です。買置きしておけば手軽に使えます。自分でいってすったものでも市販のものでも、とにかく気軽に食べてみる、それが大事です。

保存方法★香りが飛びやすいので封をしっかりして常温で保存。

おまけ情報★黒ごまのすりごまと白ごまのすりごま、香りは黒ごまのほうが若干強いように思いますが、料理に入れたときの見た目の色の好みで使い分けてください。

奥薗流おすすめ素材

練りごま

ペースト状になったごまです。黒ごまと白ごまの練りごまがあり、メーカーによって、かためのものと、とろりとしたやわらかいものがありますので、お好みで選んでください。

おすすめポイント★①手軽に料理に使えること。

ごまをいって、スピードカッターにかけてペースト状にすれば、家庭でも作れないことはありませんが、市販のもののようになめらかにするには、かなりの手間と時間がかかります。市販のものを上手に利用することで、手軽にごま料理のレパートリーが増やせます。

保存方法★冷蔵庫で保存。

おまけ情報★表面に浮いた油は、練りごまが乾燥してかたくなるのを防いでいるので、取り除いたりしないほうが、最後までおいしく使えます。保存しているとペースト部分がだんだんかたくなってくるので、そのときは表面の油を混ぜ込むと、とろりとした状態に戻ります。

ほうれん草のごまあえ

材料(2人分)

ほうれん草　1束
Aすりごま　大さじ3
しょうゆ　大さじ1
みりん(好みで)　小さじ1
ごま油　少々

作り方

①ほうれん草はゆでて水にとり、食べやすく切って水気を絞っておく。
②Aを混ぜ合わせ、食べる直前にほうれん草を入れてあえる。

✿何気ないごまあえも、ちょっとしたことでワンランク上のおいしさになります。ポイントは二つ。一つめはほうれん草にしょうゆを混ぜるのではなく、味つけはごまのほうにすること。二つめは食べる直前にほうれん草をあえること。ほうれん草に直接調味料を混ぜると水っぽくなるし色も汚くなるんです。またあえ物は時間がたつと水が出て、味ががくっと落ちるんです。

　さらに隠し味にごま油をほんの少々加えると、香りがぐんとよくなります。すっきりしょうゆ味のレシピになっていますので、甘いのが好きな人はみりんの代りに砂糖でも。

なすのごま漬け

材料(2人分)

なす　4本
塩　適宜
Aすりごま　大さじ4
しょうゆ　大さじ2
砂糖　大さじ2
みそ　大さじ2
からし　小さじ1〜2

作り方

①なすは食べやすく切り、塩水(水1カップに塩小さじ1の割合)に5分ほどつける。Aをボウルに合わせておく。
②フライパンに大さじ1〜2の水を入れて火にかけ、沸騰したらなすを入れてふたをし、蒸し煮にする。
③ふたをずらして水をきり、Aを合わせた中に入れてあえる。

✿ちょっと甘めのみそ入りごまだれです。ここでは蒸しなすをあえていますが、ゆでたごぼう、にんじん、蓮根などの根菜やこんにゃくをあえてもよく合います。からしを隠し味に加えると、パンチのきいた味になります。

　蒸しなすの作り方はいろいろですが、ほんの少しの水で蒸し煮にするこの方法は、簡単なので気に入っています。

ししゃものごま酢漬け

材料（2人分）

ししゃも　10尾
A酢　大さじ4
—みりん　大さじ2
すりごま　大さじ4
赤とうがらし（輪切り）　1本

作り方

①ししゃもは香ばしく焼く。
②焼きたてのししゃもをAに漬け、最後に好みで赤とうがらしを入れ、すりごまをたっぷりからめる。

✿焼きすぎて食べ残したししゃもをおいしく食べる方法はないかと思い、考えたのがこれ。あんまりおいしいので、最近はわざわざ作るようになりました。

ポイントはしょうゆを入れずに酢とみりんだけで味をつけること。ししゃも自体がしょっぱいので、これでちょうどいい味になるのです。ごまは最初から入れず、ししゃもが酢を吸ってから入れるほうが、酢もごまもいい感じにからまっておいしくなります。

ごまごまチキン

材料（2人分）

鶏胸肉　1枚
塩、こしょう　各少々
小麦粉　適宜
オリーブオイル　大さじ1
Aしょうゆ　大さじ1
—はちみつ　大さじ1
すりごま　たっぷり

作り方

①鶏胸肉は食べやすくそぎ切りにして、塩、こしょうをもみ込んだら、小麦粉をまぶす。
②フライパンにオリーブオイルを入れて鶏肉をこんがり焼く。
③Aを加えて全体にからめたら、最後にすりごまをたっぷりと全体にまぶす。

✿ごまって、ちょっと加えるだけでコクがプラスされておいしくなりますね。いつもの鶏の照焼きも、ごまをたっぷりからめると、見た目が華やかになるだけでなく、香ばしさやうまみもアップ。お弁当やおもてなしにもぴったりです。また、ぱさつきがちな鶏胸肉は、小麦粉をまぶして焼くとしっとりやわらかく仕上がり、また照焼きのたれがからみやすくなります。すりごまはしっかりたれをからめてから、最後にまぶすのがコツです。たれと一緒に入れてしまうと、ごまがしょうゆの水分を吸ってしまうので注意してくださいね。

鶏肉以外にも、鮭や白身の魚、えびやいかなどでも同様に作れます。

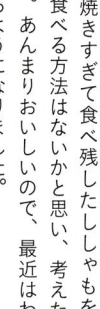

ごまトースト

材料

好みのパン　適宜
練りごま　適宜
はちみつ　適宜

作り方

パンを焼いて練りごまをぬり、その上からはちみつをたらしてでき上り。

✿練りごまとはつみつを混ぜると、ピーナッツバターのような味わいのスプレッドになるんです。昔は、まとめて作って保存していたのですが、最近は、食べたいときにそれぞれをその場でぬるようになりました。わざわざ作っておく手間もいらないし、そのときどきで練りごまを多くしたり、はちみつを多くしたり、また黒ごまにしたり白ごまにしたりと、変えられるのも楽しいのです。

ごまだれ

材料(作りやすい分量)

練りごま(白)　大さじ2
しょうゆ　大さじ2
はちみつ　大さじ2
酢　大さじ2
いりごま(白)　大さじ2

作り方

すべての材料を混ぜる。

✿いろいろに使える万能ごまだれです。蒸し鶏はもちろん、野菜をあえたり、炒め物に使ったり、鍋物のつけだれにしたり。作り方のポイントは、すべての材料が全部同量ってところです。だから、まとめてたくさん作るのもいいし、1回分ずつ作るのも簡単です。

　またアレンジもしやすく、たとえば長ねぎのみじん切りを混ぜたり、おろししょうがやラー油を混ぜたり、あるいはめんつゆでのばしてつけめんのたれにしたり。一度作れば、またすぐに作りたくなること間違いなし。

鮭のごまみそ焼き

材料（2人分）

生鮭　2切れ
塩、酒　各適宜
A 練りごま　大さじ1
　みそ　大さじ1
　はちみつ　大さじ1
ししとうがらし　10本
いりごま　適宜

作り方

①生鮭は塩と酒をふって5分ほどおく。Aは混ぜておく。
②魚焼きグリルで鮭とししとうがらしを焼く。
③ししとうがらしが焼けたら取り出し、鮭の上にAをぬり、上にいりごまをふって、みそに焦げ色がつくまで焼く。

✿甘みそって、ちょっと手がかかるイメージがありますが、このみそなら簡単。みそとはちみつを同量混ぜるだけで、ベースとなる甘みそができてしまうので、あとは好みに練りごまを混ぜるだけ。砂糖ではなくはちみつを混ぜることで、あっという間にとろりとしてつやのある甘みそになるんです。

　練りごまは黒でも白でもどちらでもよく、量もこの倍量くらい入れてもおいしいですよ。鮭以外に、焼きおにぎりにぬったり、焼きなす、豆腐の田楽、こんにゃくの田楽、あるいは野菜のディップソースにしても。

まぐろのごま漬け

材料（2人分）

まぐろ　1さく
A 練りごま　大さじ4
　しょうゆ　大さじ2
　みりん　大さじ2
　わさび　小さじ1〜2
ご飯　茶碗2杯分
わさび　適量

作り方

①まぐろを食べやすく切り、Aを合わせた中に5分ほど漬け込む。
②熱いご飯にのせ、好みでわさびをのせる。

✿愛媛の料理に鯛のごま漬けというのがあります。しょうゆベースの黒ごまだれに鯛を漬け込み、それをご飯にのせて食べるのですが、本当に感動するおいしさです。それを家庭で手軽に作れないかと思い、赤身のまぐろで作ったのがこれ。最初は黒ごまで作っていたのですが、黒い色が家族に不評（見た目が汚いとか、口のまわりが黒くなるとか）だったので、白ごまを使うレシピにしました。

　隠し味に混ぜるわさびは、少し多めでもおいしいかと思います。お茶漬けにするときは、味をみてしょうゆを少々足してください。

わ

［わ］はわかめをはじめとする海藻類です。

海に囲まれた日本では、昔からたくさんの海藻を食べてきました。それによって、ビタミン、ミネラルなど体にいい栄養素を無理なくとることができたのです。食べ物が豊かになって、海藻が食生活の隅っこに追いやられていませんか？

〈海藻の栄養〉

①β-カロテン

ほうれん草やにんじんに多く含まれるβ-カロテン。皮膚や粘膜を健康に保ったり、強い抗酸化作用で動脈硬化に対抗できる成分として期待されています。海藻類にも、それらの野菜に匹敵するくらいのβ-カロテンが含まれています。

②鉄分、カリウム、マグネシウム

ミネラルの中でも特に、鉄分、カリウム、マグネシウムなど、体に必要なミネラル分をたっぷり含んでいます。ミネラルバランスがくずれると生活習慣病を引き起こす原因にもなります。

③ヨウ素

海藻類に共通して含まれるミネラル。交感神経を刺激し、たんぱく質や脂肪、炭水化物の代謝を高める働きをします。また成長を促す働きもあるので子供に必要なミネラルです。

④食物繊維

わかめ、昆布に含まれるアルギン酸、もずく、ひじきに含まれるフコイダン、いずれも水溶性の食物繊維です。食後の血糖値の上昇を緩やかにし、血中コレステロールを減少させて動脈硬化を予防する効果などが期待できます。

〈海藻製品〉

昆布、早煮昆布、とろろ昆布、おぼろ昆布、わかめ、めかぶ、焼きのり、青のり、ひじき、もずく、寒天など。

昆布、早煮昆布、ひじきについては前作『奥薗流・いいことずくめの乾物料理』に詳しく書いていますので、参考にしてみてください。

奥薗流おすすめ素材

カットわかめ

塩蔵わかめをカットして乾燥させたものがカットわかめです。メーカーによってカットの大きさ、元のわかめの産地や質によって食感や厚みなどが違うので、いろいろ試してみてください。

おすすめポイント★①常温保存できる。
②手に入りやすく使いやすい。
③味や食感にくせがないので、さまざまな料理に応用できる。

わかめにはβ-カロテン、カルシウム、鉄分など体にうれしいビタミンやミネラルがたっぷり含まれています。季節の生わかめや塩蔵わかめも香り豊かでおいしいので、大いに食卓にのせたいもの。けれど保存がきかないことや塩を抜く手間を考えると、忙しいときにぱぱっと使えるカットわかめは優れていると思うのです。

保存方法★保存容器に入れ、常温で保存。

おまけ情報★カットわかめをもどすときは、たっぷりの水ではなくひたひたくらいの少なめの水に入れ、5分をめどにつけると、香りや味が抜けずにおいしくもどります。もどさず直接料理に入れるときは、カットわかめ自体に含まれている塩分を考えて、調味量を加減するのがうまく料理するコツです。

この本で紹介したわかめ料理は、塩蔵わかめをもどしたものでもおいしくできます。

奥薗流おすすめ素材

とろろ昆布

酢に浸してやわらかくした厚手の昆布の表面を刃物で薄くかきとったものがおぼろ昆布。同様に酢に浸してやわらかくした昆布を何枚も重ねてプレスし、その側面を薄く削ったものがとろろ昆布です。

おすすめポイント★①値段が手ごろ。
②料理に使いやすい。
③簡単にうまみをプラス。

とろろ昆布にお湯を注いでおすましにしたり、おにぎりに巻いたり、うどんに入れたり。とにかく手軽に料理に使え、昆布のうまみでおいしさをアップできるところがとろろ昆布のよさです。おぼろ昆布に比べてとろろ昆布は値段が手ごろなのもうれしいところです。

保存方法★とろろ昆布は、売られている袋のまま保存すると、取り出しにくく、また縦の繊維が切れないので、食べにくいのも難点です。そこで、買ってきたらすぐに繊維を断ち切るようにはさみで短く切り、手でほぐしてから保存容器に入れるのがおすすめ(写真)。これなら、使う分だけ手軽に取り出すことができます。

おまけ情報★とろろ昆布を買うときは、原材料のところを見て、うま味調味料や甘味料が使われておらず、昆布と酢だけで作られたものを選ぶのがおすすめです。

奥薗流おすすめ素材

焼きのり

のりは干しのり、焼きのり、青のり、岩のりに大きく分けられます。干しのりをあぶったものが焼きのりで、焼きのりの中に味つけのりや韓国のりが含まれます。

おすすめポイント★①手軽に食べられる。
②抜群の栄養価。
③保存性。

そのまま食べられる数少ない海藻。しかもそのままご飯のおかずになるのですから、これほど手軽な海藻はありません。

栄養的に見ると食物繊維、β-カロテン、カルシウム、鉄分はもちろん、葉酸、ビタミンB_{12}の含有量がトップクラスです。中でも葉酸とビタミンB_{12}は、赤血球の生成を助け、貧血予防には必要なビタミンです。ビタミンB_{12}はレバーや貝類には豊富に含まれていますが、植物性のものにはほとんど含まれていないため、野菜からは摂取できないビタミン。海藻の中ではのり以外のものには含まれていません。

味つけのり、韓国のりでももちろんいいのですが、しけやすかったり、油が酸化しやすかったりすること、味がついていないほうがさまざまな料理に使いやすいことから、この本では焼きのりのレシピを紹介しています。

保存方法★ジッパーつきの袋に入れ、空気を抜いて常温保存。あるいは、食べやすい大きさに切って、ふたつきの密封容器に入れ、常温保存。

おまけ情報★干しのりは、表面(つるつるしている面)どうしを2枚合わせて、弱火であぶるとパリッと香ばしくなります。

わかめの山かけ

材料(2人分)

カットわかめ　10g
長芋　200g
ぽん酢しょうゆ　適宜

作り方

①カットわかめは5分ほど水につけてもどし、水気をきって器に盛る。
②長芋は皮をむいてポリ袋に入れ、袋の上からめん棒でたたいて砕く。
③ポリ袋の口を縛って袋の角を切り、わかめの上から絞り出す(写真)。
④ぽん酢しょうゆをかけてでき上り。

✿山かけって、食欲のないときでもするりと食べられておいしいですよね。一時期いろんなものにとろろをかけるのにはまっていまして、きのことか焼き肉とかどんぶり物とかおひたしとかサラダとか、まあいろいろやってみてそれぞれにおいしかったのですが、わが家で最も人気があったのが、このわかめの山かけ。わかめのつるりとした食感と長芋のとろりとした食感が、不思議によく合うのです。食欲のないときやちょっと疲れぎみのときでも、これならぺろりと食べられるのも気に入っています。

わかめの酢の物

材料（2人分）

カットわかめ　10g
トマト　1個
A ちりめんじゃこ　20g
　酢、水　各大さじ2
　砂糖　大さじ½〜1
　うす口しょうゆ　大さじ½

作り方

① Aを混ぜて5分ほどおく。
② カットわかめは5分ほど水につけてもどし、水気をきる。トマトはざく切りにする。
③ 食べる直前に①とわかめ、トマトをあえてでき上り。

✿わかめの酢の物をおいしく作るには、ちょっとしたコツがあります。それは、合せ酢に水を加えて、ちょっと薄めに作ること。というのもわかめには塩分があるので、合せ酢の塩分は少し控えめにしたほうが、わかめの味や香りが引き立つんですね。本当は、水で薄めるよりだしで薄めるほうが、うまみがプラスされていいのですが、こんな少しのだしをとるのも手間なので、ちりめんじゃこを加えてうまみをプラスしました。これでぐっとおいしくなりますよ。砂糖の量は、好みで加減してくださいね。

わかめと春雨のサラダ

材料（2人分）

カットわかめ　10g
緑豆春雨　50g
えのきだけ　1袋
ハム　5枚
A しょうゆ、酢　各大さじ2
　ごま油、みりん
　　各大さじ1
　すりごま　大さじ1
　からし　小さじ1

作り方

① カットわかめは5分ほど水につけてもどし、水気をきっておく。えのきは食べやすく切る。ハムは細切りにする。
② 春雨はえのきと一緒にゆで、水にとって粗熱を取り、食べやすく切る。
③ わかめ、春雨、えのき、ハムを混ぜて器に盛り、Aを合わせたたれをかける。

✿人気の春雨サラダにわかめを入れてみると、これがなかなかいい感じ。春雨をゆでるときにえのきも一緒にゆでるのがわが家では人気です。えのきと春雨が混ざった食感もさることながら、えのきのおかげで春雨どうしがくっつくのを防いでくれるメリットもあるのです。

　たれは、ここでは全体にからめていますが、食べるときに各自好きな量をかけるのもいいですよ。からしのピリッとした辛みが食欲をそそります。

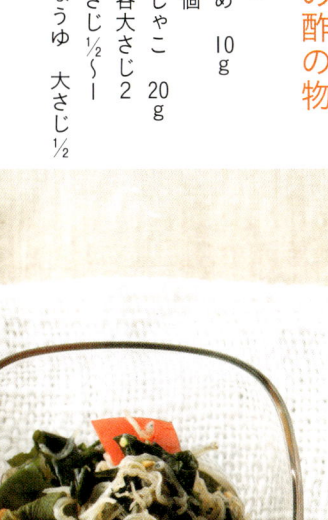

ツナわかめ

材料(2人分)

カットわかめ　10g
ツナ缶　小1缶
梅干し　1個
マヨネーズ　大さじ2
しょうゆ　適宜

作り方

①カットわかめは5分ほど水につけてもどし、水気をきる。
②ポリ袋に梅干しを入れて袋の上からもんでつぶし、ツナ缶とマヨネーズを加えて混ぜる。
③わかめも袋に入れて混ぜたらでき上り。好みでしょうゆをかけても。
★梅干しの種は器に盛るときに取り除いてください。

✿わかめとツナの組合せって、意外に合うんです。ツナマヨとわかめだけでも悪くないんだけれど、梅干しを入れてみると、ぐっと味がしまる感じ。

梅干しは、果肉がやわらかめのものがおすすめ。ポリ袋に入れて袋の上からつぶすと、洗い物もなく手軽です。皮を指ですりつぶすようにすると、うまくペースト状になります。さらに袋の中でツナもマヨネーズもわかめも混ぜてしまえば、本当に手軽。盛りつけるときは、袋を切って広げると、中身が取り出しやすいですよ。

わかめと油揚げの煮びたし

材料(2人分)

カットわかめ　10g
油揚げ　1枚
A 水　1カップ
　しょうゆ　大さじ1
　みりん　大さじ1
かつお節　1パック(5g)

作り方

①鍋に食べやすく切った油揚げとAを入れて火にかける。
②沸騰したらカットわかめを入れ、そのまま1分ほど煮たら火を止めて1〜2分おく。
③かつお節を混ぜてでき上り。

✿わかめはさっと煮ると、生のときとは違ってとろりとやわらかくなり、それもまたおいしいのです。カットわかめなら、もどさずにそのまま煮汁に入れるだけでいいので、ラクチン。油揚げも冷凍保存してあれば、あともう一品というときのお助けメニューとしても重宝です。

油揚げ以外にも、じゃこやツナ缶などとさっと煮るのもおいしいものです。煮すぎると色も悪くなってやわらかくなりすぎるので、わかめを入れたら火を止めて余熱で火を通すのがコツ。これなら失敗なくちょうどいい感じに煮えます。

わかめ豆腐

材料（2〜3人分）

A絹ごし豆腐　1丁
　卵　1個
　カットわかめ　5g
　水　½カップ

B かつお節　1パック（5g）
　水　½カップ
　しょうゆ　大さじ1
　みりん　大さじ1
　片栗粉　小さじ1

作り方

①Aのカットわかめと水をボウルに入れ、カットわかめがもどったところで豆腐を泡立て器などでつぶしてなめらかにして入れ、そこに卵を入れてよく混ぜる。

②①をカップに分け入れる。

③フライパンに水を1cmほど入れて火にかけ、沸騰したら②のカップを入れてふたをし、弱火で10分蒸す。

④Bを鍋に入れ、かき混ぜながら火にかけて、とろみがついたら火を止める。

⑤③の上に④をかけてでき上り。

✿わかめ入り卵豆腐というのが、わが家の定番メニューにありまして、卵豆腐を作るときにわかめを一緒に入れるだけなんですけど、卵豆腐のつるりとした食感とわかめが意外によく合うんです。

　でも卵豆腐って、意外に作るのがめんどくさいし、蒸し加減も難しいですよね。あるとき卵豆腐なんだから豆腐を使って作ったらいいんじゃないの？なんて思ってやってみたら大成功。これなら誰でも失敗なく作れます。上からかけるたれは熱々をかけたいので、鍋で作るレシピになっていますが、全部を混ぜ合わせて電子レンジにかけてもできますよ。

わかめとねぎと卵のおかか炒め

材料(2人分)

カットわかめ　10g
長ねぎ(斜め切り)　1本
卵　2個
塩　少々
ごま油　大さじ1
かつお節　1パック(5g)
A おろししょうが　1かけ分
　しょうゆ　大さじ1/2〜1

作り方

①カットわかめは5分ほど水につけてもどし、水気をきっておく。卵に塩を加えてとく。
②フライパンにごま油の半量を入れたところにといた卵を入れ、大きく混ぜていり卵を作り、いったん取り出す。
③あいたフライパンに残りのごま油を入れて、長ねぎを炒める。
④しんなりしたらわかめも入れてさっと炒め、卵を戻し入れてかつお節を混ぜる。
⑤器に盛り、食べるときにAを合わせたしょうがじょうゆを好みにかける。

✿わかめは炒め物にしてもおいしいものです。中でも、卵とねぎの組合せは見た目もよく、味の相性もバッチリ。

　全体を炒めたところにしょうゆを回し入れてもいいのですが、カットわかめ自体に塩味がついているのと、卵にも塩を入れているので、このまま食べても充分おいしいのです。ですから、器に盛って、各自好みでしょうがじょうゆをかける、というのがおすすめです。

じゃこ梅わかめご飯

材料（2人分）

カットわかめ　10g
ちりめんじゃこ　20g
梅干し　1〜2個
ご飯（温かいもの）
　茶碗2杯分
ごま油　小さじ1

作り方

①カットわかめは5分ほど水につけてもどし、水気をきっておく。
②フライパンにごま油を入れ、ちりめんじゃことわかめと梅干しを入れて炒める。梅干しは木べらでつぶして混ぜる。
③火を止め、ご飯を混ぜてでき上り。
★梅干しの種は器に盛るときに取り除いてください。

✿これはお弁当によく作る一品です。もどしたわかめをそのままご飯に混ぜると、ご飯がベチャッとして水っぽくなるので、さっと炒めて水分を飛ばしています。ちりめんじゃこと梅干しを一緒に入れてみたら、調味料いらずで味がバッチリ決まりました。

　梅干しは果肉のやわらかいものを使うのがおすすめ。あらかじめ梅肉だけたたいたりしなくても、フライパンの中で木べらでつぶして混ぜることができるので、ラクなのです。

わかめクッパ

材料（2人分）

カットわかめ　10g
ご飯　茶碗1〜2杯分
Aさば水煮缶　1缶
　水　2カップ
　おろしにんにく　1かけ分
万能ねぎ（小口切り）　適宜
卵　1個
しょうゆ、ごま油　各適宜
すりごま　大さじ1

作り方

①Aを鍋に入れて火にかけ、沸騰したところにカットわかめとご飯を入れる。
②一煮立ちしたら万能ねぎを入れ、卵をといて回し入れ、しょうゆとごま油で味を調える。
③器に盛って、すりごまをふる。

✿クッパって、普通は煮干しと肉のだしを合わせて作るんです。でも以前韓国に行ったときに食べたツナ缶入りチゲを思い出し、それならさば缶を入れたほうがいいだしになるんじゃないかと思ったんです。これが大成功。さばとわかめの相性もバッチリです。しかもさば缶のおかげでボリューム感もアップ。これ一品でも満足できるメニューになりました。好みによって、キムチなんかをのせてもおいしいですよ。

とろろ昆布漬け

材料（2人分）

きゅうり　1本
長芋　200g
とろろ昆布　適宜
ぽん酢しょうゆ　適宜

作り方

①きゅうりと皮をむいた長芋をポリ袋に入れ、袋の上からたたいて砕く。
②器に出してとろろ昆布をからめ、ぽん酢しょうゆをかけたらでき上り。

✿とろろ昆布の切ったものを保存容器に入れて食卓に置いておくと、調味料をかけるみたいにパラリとかけるだけで、天然のうまみを手軽にプラスできるのがいいのです。このとろろ昆布漬けもサラダにドレッシングをかける感覚で、あっという間に完成！　とろろ昆布の塩分だけでもおいしいですが、ぽん酢しょうゆをかけると、とろろ昆布と野菜がうまくからみます。きゅうりと長芋は袋の中でたたくのがポイント。包丁で切ったのとはまた違った面白い食感になります。

とろろ昆布の即席つくだ煮風

材料（2人分）

とろろ昆布　5g
かつお節　1パック（5g）
A しょうゆ　小さじ1
―水　小さじ1～2

作り方

①とろろ昆布はキッチンばさみで細かく切り、かつお節と混ぜる。
②Aを合わせたものを混ぜてでき上り。

✿私の生まれ育った関西では、うどんに入れたり、お吸い物に入れたり、とにかくとろろ昆布は日常的によく食べます。とろろ昆布にしょうゆをかけてしっとりさせたものをおにぎりの具にしたり、お弁当のご飯の隅にちょこっと入れてつくだ煮代りにしたりも、わが家では定番でした。それを思い出して作ったのがこれ。しょうゆだけだと味が濃くなりすぎるので、水を入れるのがコツです。のり弁当のようにご飯とこれを段々に入れたり、おひたしにかけたりしてもおいしいですよ。

とろろ&チーズのとろとろオムレツ

材料(2人分)

とろろ昆布　5g
牛乳　1/2カップ
卵　3個
塩、こしょう　各適宜
プロセスチーズ(角切り)　50g
オリーブオイル　大さじ1

作り方

①とろろ昆布は細かく切り、牛乳を混ぜてとろとろにしておく。

②①に卵を割り入れて混ぜ、塩、こしょうで味を調えたら、プロセスチーズも混ぜる。

③フライパンを火にかけ、熱くなったところにオリーブオイルと②を入れる。端のほうが固まってきたら火を止めて大きく混ぜ、好みのかたさに火を通す。

✿相性のいいとろろ昆布とチーズをたっぷり入れてオムレツにしてみました。とろろ昆布を牛乳で湿らせてどろどろにしてから卵を入れてときほぐすのがコツです。卵の中にとろろ昆布を入れたのでは、うまく混ざらないのです。

　フライパンが熱くなったところに卵液を一度に流し込んだら、フライパンの端のほうが固まってくるまでさわらずに待ち、固まってきたら、初めて大きく全体を混ぜます。あとはふたをして弱火で火を通します。または端のほうが固まってきたら大きく全体を混ぜ、あとは好みのかたさに固まるまでこれを繰り返します。こうしてゆっくり火を通すことで、とろりとしたおいしいオムレツになりますよ。

とろろ昆布の甘酢だれ

材料（2人分）
とろろ昆布　10g
A水　大さじ4
　酢、みりん　各大さじ2
　しょうゆ　大さじ½
　はちみつ（好みで）　小さじ1
オクラ　10本
かつお節　適宜

作り方
①とろろ昆布は細かく切り、Aと混ぜ合わせる。
②オクラを生のまま細かく刻み、①に混ぜる。器に盛って、好みでかつお節をかける。

市販のもずくって甘酢につかってるのが売られていますよね。あれを見ていたら、とろろ昆布で作れるような気がして、やってみたら、案外それっぽいものができました。それだけをずるずると食べるもよし、たたいた長芋にかけたり、サラダにかけたり、焼いたお肉にかけたりしてもおいしいものです。ここではオクラと混ぜてみました。オクラは生のまま刻むだけなので簡単です。ご飯やそうめんにかけてもおいしいですよ。甘みは好みで加減してみてください。

とろろ昆布のかりかりスナック

材料
とろろ昆布　適宜
ワンタンの皮　適宜
マヨネーズ　適宜
オリーブオイル　適宜

作り方
①ワンタンの皮にマヨネーズをぬり、とろろ昆布をその上にのせる。
②フライパンにオリーブオイルを入れ、①をワンタンの皮のほうを下にして焼き、かりっとなったら裏返してとろろ昆布もさっと焼いてでき上り。

揚げた昆布って、かりかりしておいしいですよね。あれをとろろ昆布で簡単に作れないだろうかと思って、考えたのがこれ。

　おいしく作るポイント、一つめはワンタンの皮。ギョウザの皮、シュウマイの皮と皮の種類はいろいろありますが、ワンタンの皮がいちばん薄く、かりっと軽い食感に仕上がるんです。二つめはマヨネーズ。マヨネーズをぬることで味に深みが出るのと、ワンタンの皮にうまくとろろ昆布がくっつきます。三つめは、ワンタンの皮のほうから揚げ焼きにし、ひっくり返したら、へらなどで押しつけながら焼くこと。内側に丸まっている皮がぺっちゃんこになって焼きつけられるので、とろろ昆布のついた面もパリッと香ばしく仕上がります。

とろろ揚げ

材料(2人分)

鶏胸肉　1枚
塩　小さじ½
片栗粉　大さじ1
A とろろ昆布　10g
　小麦粉　100g
　水　1カップ
揚げ油　適宜
赤しそふりかけ　適宜

作り方

① Aのとろろ昆布は細かく切り、小麦粉と水を混ぜたところに加えて混ぜる。
② 鶏肉はそぎ切りにして塩、片栗粉をもみ込む。
③ ①の衣に②の鶏肉をからめ、油で揚げる。
④ 器に盛り、好みで赤しそふりかけをかける。

✿最初は、鶏肉の表面にとろろ昆布をまぶして揚げると、とろろ昆布がかりっとなっておいしいんじゃないかと思ったんです。でも、そのやり方だと、思った以上にとろろ昆布が油を吸って、べたっと油っぽい仕上りに。それでいろいろ試行錯誤をするうちに、この形に落ち着きました。小麦粉と水を混ぜてまず衣を作り、そこに細かく切ったとろろ昆布を入れるのがコツです。先にとろろ昆布と水を混ぜてしまうと、うまく衣ができないので注意。それから鶏肉にも片栗粉をまぶしておくと、うまく衣がからみます。揚げるときは、手で鶏肉に衣をからめてから油に落とすとうまくいきます。

豆腐のとろろ焼き

材料(2人分)
木綿豆腐　1丁
とろろ昆布　10g
片栗粉　大さじ3
オリーブオイル　適宜
しょうゆ(または
　ぽん酢しょうゆ)　適宜

作り方

①とろろ昆布は細かく切っておく。
②豆腐を泡立て器でつぶしたところに、とろろ昆布と片栗粉を混ぜる。
③フライパンにオリーブオイルを入れ、②をスプーンですくって小判状に広げ入れる。
④両面こんがり焼けたらでき上り。器に盛って、しょうゆかぽん酢しょうゆをかける。

✿つぶした豆腐にとろろ昆布を混ぜると、とろろ昆布が豆腐の水分を吸って、あっという間に豆腐の水きりができてしまうんです。とろろ昆布は2~3回に分けて入れると上手に混ざります。もちもち感を出すために片栗粉を多めに入れていますが、もう少し減らすとがんもどき風の食感にもなります。フライパンで焼くだけでささっとできるので、おやつや酒の肴にぴったりの一品です。

　バリエーションとしては、ねぎやチーズを加えるのもおいしいですよ。

白菜の翁煮

材料(2人分)
白菜　1/8株
しょうゆ　大さじ1
みりん　大さじ1
油揚げ　1枚
水　1/2カップ
とろろ昆布　5g
ぽん酢しょうゆ　適宜

作り方

①白菜はざく切りにしてフライパンに入れ、しょうゆとみりんをからめる。
②食べやすく切った油揚げと水を加えてふたをし、蒸し煮にする。
③白菜がしんなりしたら、最後に刻んだとろろ昆布を入れてでき上り。

✿野菜を水だけで煮て、最後にとろろ昆布をたっぷり入れると、それだけで昆布のうまみたっぷりの煮物に大変身。ポイントは野菜を蒸し煮にして、野菜の甘さを引き出しつつ煮汁を残して煮ること。野菜のうまみの溶け出した煮汁をとろろ昆布が吸って、野菜全体にからまります。

　火加減は弱火、ぴったり閉まるふたを使うのも大事なところ。もしも煮汁がなくなっていたら、水を少し足してからとろろ昆布を入れてくださいね。ぽん酢しょうゆは好みでどうぞ。

とろろ昆布入りしぐれ煮

材料(2人分)

豚肉(切落し)　200g

A しょうゆ　大さじ2
　はちみつ　大さじ2
　酒　大さじ2
　おろししょうが　1かけ分

とろろ昆布　10g

作り方

① フライパンに豚肉とAを入れてよく混ぜる。

② 火にかけて混ぜながら火を通す。

③ 肉に火が通ったら火を止め、とろろ昆布を入れて、煮汁を吸わせたらでき上り。

✿しぐれ煮というと、甘辛い煮汁で肉を煮ていくのですが、どうしても肉がかたくなったりぱさつきがち。そこで!! 絶対失敗なくしっとりやわらかく仕上がる奥薗流を! ポイントは二つ。一つめは肉が生のうちに調味料をもみ込むこと。そうすれば、さっと加熱するだけで中までしっかり味が入るのです。二つめは、煮汁を煮つめないで、とろろ昆布に吸わせてからめること。煮つめないことで余分な加熱をせずにすみ、煮汁をとろろ昆布に吸わせることで、煮汁にうまみととろりとした食感をプラス。脂身の少ない肉でもとろりとやわらかく仕上がるのです。豚肉は好みの部位で。

のりサラダ

材料(2人分)

貝割れ大根　2パック
ごま油　大さじ1
かつお節　1パック(5g)
しょうゆ　大さじ½
焼きのり　全形2枚

作り方

①貝割れ大根は食べやすく切り、ごま油を回しかけて全体を混ぜ、かつお節も入れて混ぜる

②しょうゆを加え混ぜ、最後に手でちぎったのりを混ぜる。

✿のりをたっぷり食べる最も手軽な方法、それはサラダやあえ物にたっぷり混ぜること。のりの塩分、香り、うまみのおかげで、味つけはほんの少しでもおいしく食べられます。

　ここでは年中安くて、手に入りやすく、葉酸やビタミンCなどのビタミン類をたっぷり含んだ貝割れ大根を使いましたが、レタス、水菜、春菊など、生で食べられる野菜なら、何でも同様に作れます。

もやしとのりのナムル

材料(2人分)

もやし　1袋
A ごま油　大さじ1
　塩　小さじ½
　すりごま　たっぷり
　しょうゆ　適宜
焼きのり　適宜

作り方

①もやしはボウルに入れ、ラップをしないで600Wの電子レンジに2分かける。

②Aを加え混ぜ、最後に焼きのりを手でちぎりながら混ぜる。

✿電子レンジで加熱したもやしに味をつけ、最後にのりをたっぷり混ぜる。たったこれだけのことなんですが、本当においしいナムルができるんです。もやしはゆでると水っぽくなるし、炒めるとしゃきしゃき感がなくなることもありますが、電子レンジだと確実にしゃきしゃきになるのがいいんですね。のりは韓国のりでもいいのですが、日本の焼きのりは厚みがあるので存在感があり、香りやうまみも強く、私はむしろもやしとの相性はこちらのほうがいいんじゃないかと思います。そぼろ、目玉焼きなどとともにご飯にのせてビビンバにするのもおすすめ。

のりとえのきのつくだ煮

材料(2人分)

焼きのり　全形2〜3枚
えのきだけ　1袋
A 梅干し　1〜2個
　水　½カップ
　しょうゆ　大さじ2
　みりん　大さじ2

作り方

①Aを鍋に入れて火にかけ、沸騰したら、手でもんで細かくしたのりを入れて煮る。
②煮汁が少なくなってとろりとしてきたら、細かく切ったえのきを入れ、梅干しをつぶしながら煮る。
③えのきに火が通ったら梅干しの種を取ってでき上り。

✿しけてしまったのりで、のりのつくだ煮を作ろうと思ったんです。それもせっかく手作りするのですから、のりの風味を生かした薄味で、しかも簡単に作りたいと。けれどそうなると調味料が少ないせいなのか、砂糖を大量に入れてないせいなのか、さらさらした仕上りになってしまうんですよね。ご飯にのせたときに、とろりとご飯にまとわりつくようにするにはどうしたらいいかと考えているうちに、えのきを入れることを思いつきました。これが大成功!! えのきのおかげでとろりとした食感が出て、砂糖を入れなくても自然な甘みがプラスされました。後味をよくするために梅干しも加えたら、もりもりご飯がすすむ一品に。

玉ねぎののりチーズ炒め

材料(2人分)

玉ねぎ　1個
オリーブオイル　大さじ1
しょうゆ　適宜
かつお節　1パック(5g)
焼きのり　適宜
ピザ用チーズ　適宜

作り方

①玉ねぎは細切りにし、オリーブオイルで炒める。
②しんなりしたらしょうゆを回しかけ、かつお節と手でちぎったのりを混ぜる。
③ピザ用チーズをかけてふたをし、チーズがとけたらでき上り。

✿相性抜群ののりとチーズ。そこに野菜を合わせるとなると、どんな野菜が合うのだろうかと、いろいろやってみました。わが家で人気なのは、玉ねぎとの組合せ。玉ねぎの甘さと食感が、なぜかチーズの塩分とのりの香りを引き立てるのです。

玉ねぎは、しゃきしゃき仕上げたいときは繊維にそってくし形に切り、とろりとやわらかく仕上げたいときは、繊維に対して直角に半月切りにするといいですね。うちでは半月切りにするほうが人気です。食べるときにほんの少ししょうゆをたらすと、のりの香りが引き立ちます。

のりそば

材料（2人分）

そば（乾めん）　2人分
焼きのり　たっぷり
めんつゆ　適宜
わさび　適宜

作り方

①そばは表示どおりゆでる。
②めんつゆに焼きのりをたっぷり入れ、好みでわさびも入れる。
③ゆでたそばをつゆにつけながら食べる。

✿これ、わが家で定番のそばの食べ方。とにかくめんつゆにたっぷりのりを入れ、めんつゆを吸ったのりをからめてそばを食べる、そんな感じです。

最初は、普通の薬味のようにねぎやら刻みのりやらをちょこって添えていたのですが、のりをめんつゆに混ぜたらおいしいというのを家族の誰かが発見し、いつの間にか薬味ではなく具のようにのりを入れるようになったのでした。

食べ方としては、細かく手でちぎったのりをたっぷり用意し、途中何度もめんつゆにのりをつぎ足しつぎ足ししながら食べる、これが正しいのりそばの食べ方なのです。

のりのチヂミ

材料（2人分）

焼きのり　全形1枚
A
- 卵　1個
- おろしにんにく　1かけ分
- 小麦粉　100g
- 片栗粉　大さじ2
- 水　150ml
- ごま油　大さじ1

ちりめんじゃこ　30g
ごま油　適宜
塩　適宜

作り方

①ボウルにAを混ぜて生地を作り、ちりめんじゃこも混ぜる。
②フライパンにごま油を入れて、①を流し入れ、表面にのりをちぎってのせる。
③裏返してのりのついた面もさっと焼いて取り出し、好みで塩をふる。

✿最初は生地の中に手で細かくしたのりを入れて焼いていたのですが、そうするとのりが水分を吸ってかたくなり、食感も悪くなるんです。それで、のりのうまみや香りだけをいい感じで残す方法はないものかと試行錯誤した結果、この形になりました。つまり、生地の中にのりを混ぜ込まない、ここがコツだったんです。

それからもう一つ、生地の中にねぎを入れるとせっかくののりの香りがねぎに負けてしまう気がして、ねぎも入れません。食べるときはしょうゆも悪くないですが、塩だけであっさり食べるほうが、のりの風味が口いっぱいに広がります。

韓国風のりうどん

材料（2人分）

冷凍うどん　2玉
焼きのり　たっぷり
水　3カップ
昆布（1×10㎝のもの）　1枚
煮干し　6〜7尾
長ねぎ（斜め切り）　1/2本
塩　小さじ1
ごま油　適宜

作り方

①鍋に水と昆布（キッチンばさみで端から細く切る）、煮干し（手で砕く）を入れて火にかけ、沸騰したら弱火にして5分くらい煮る。
②長ねぎを加えて塩で味を調える。
③うどんを入れ、めんがほぐれたら手でもんだのりをたっぷりと入れ、ごま油を回し入れる。

✿以前冬の韓国に行ったとき、屋台で食べたうどんのおいしかったこと。スープのベースは煮干しで、みりんや砂糖は入っておらず、塩だけのシンプルな味。みりんや砂糖の入ったうどんだしもいいですが、塩味だけのあっさりうどんも、それ以来わが家でもよく作る、人気メニューです。

　韓国のりがあれば、それを入れてもいいのですが、日本の焼きのりでも最後にごま油をたらせばOKです。ボリュームがほしいときは卵を入れるのもおいしいものです。

や

[や]は野菜です。

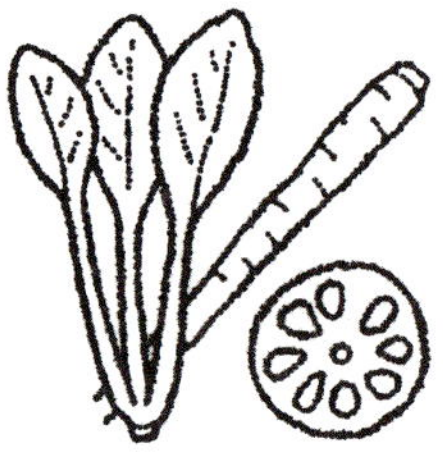

野菜に含まれる各種ビタミン、ミネラル、加えて植物中の有効成分であるファイトケミカルは、体を健康に保つためには欠かせないものです。特に生活習慣病の予防には、日々の食事の中にバランスよく野菜を取り入れることが大事です。けれど、野菜といってもたくさんの種類があり、すべてを紹介することはできません。そこで、この本では食物繊維を豊富に含むごぼう、蓮根、こんにゃくを中心にレシピを紹介しました。
これ以外の野菜については、他の食材と合わせる形でレシピを紹介していますので、巻末の素材別索引を参照してください。

奥薗流おすすめ素材

ごぼう

ごぼうの旬は冬。独特の香りと歯ごたえがおいしい野菜。6~7月ごろに出回る新ごぼうは火の通りも早くやわらかいので、加熱時間を短めに調理するのがコツです。

おすすめポイント★①食物繊維が豊富に含まれている。
②かみごたえがある。
ごぼうに含まれる食物繊維の量は、全食品中でトップクラス。しかも水溶性と不溶性の食物繊維がバランスよく含まれているのが、おすすめのポイント。水溶性の食物繊維は血糖値の上昇を緩やかにし、血中コレステロールの減少や動脈硬化の予防に役立ちます。一方不溶性の食物繊維は腸の中でかさが増し、排便を促し、腸内環境を整えてくれるのです。
また、もう一つのおすすめポイントはかみごたえ。よくかまないと飲み込めないので、献立に一品ごぼう料理を加えるだけで、早食い防止になり、ひいては食べ過ぎの予防になります。

保存方法★長いものは半分に切り、泥つきのものは洗わずに新聞紙で包むか保存用の袋に入れて冷蔵保存。袋に入れた場合は袋の口をあけたままにしておくのがコツ。袋の中に水滴がたまると傷みの原因になります。

おまけ情報★ごぼうの香りは皮のすぐ下の部分にあるので、きれいに洗えば皮をむかなくてもよく、気になるときは包丁の背で軽くこそげ落とすか、くしゃくしゃに丸めたアルミホイルで表面をこするくらいで充分。あく抜きも酢水を使ったり長くつけすぎると香りが飛んでしまうので、真水にさっとくぐらせる程度で。

奥薗流おすすめ素材

蓮根

7月ごろから新蓮根が出回りはじめますが、味がのってくるのは冬。真空パックになって売られているものもあり、冷蔵庫で保存すればかなり日もちします。

おすすめポイント★①こわれにくいビタミンCを含んでいる。②ねばねば成分ムチンも含有。③かみごたえがあり、腹もちがいい。

蓮根のビタミンCはでんぷん質に守られているため、熱によってこわれにくいのが特徴。また、独特の粘りはムチン。これはオクラや里芋、モロヘイヤなどにも含まれる食物繊維の一種で、胃の粘膜を保護し、たんぱく質の吸収を助けてくれます。

さらにしゃきしゃきした歯ごたえは、野菜嫌いの人でも食べやすく、かむことで満腹感や満足感が得やすくなるため、大食いや早食いの防止効果も期待できます。

保存方法★新聞紙で包むか保存袋に入れて冷蔵保存。切ったものは日もちがしないので、できるだけ早く食べきりましょう。穴の中が黒くなってきたものは、たたいて砕いたり、すりおろしたりし、ひき肉や魚のすり身に混ぜると、色が気にならず、おいしく食べられます。

おまけ情報★蓮根は縦に切るとしゃきしゃきとした歯ごたえが際立ちます。歯ごたえを生かしたいときはこの切り方で。一方半月切りやいちょう切りにするときも、厚く切るのと薄く切るのとで、歯ごたえがまた違ってきます、いつもと違う切り方をときにしてみると、違ったおいしさに出合えると思います。

奥薗流おすすめ素材

こんにゃく

こんにゃくの原料はこんにゃく芋。なので正確にはいもの仲間なのですが、形状や調理法から分類すると野菜に近いので、野菜に分類しました。

こんにゃくには板こんにゃく、糸こんにゃく、玉こんにゃくなど、さまざまな形状があり、また色も黒いものと白いものがあります。黒いものはひじきなどの海藻の粉を混ぜている場合が多く、栄養的には白、黒ほとんど同じです。

おすすめポイント★①食物繊維がたっぷり含まれている。②ほとんどノーカロリーに近い低カロリー。③肉に似た食感と食べごたえ。

こんにゃくはたっぷり食べてもほとんどカロリーがないので、安心して食べられるのがいいところです。食物繊維だけは豊富に含んでいるため、便秘の改善、コレステロール値の低下、血糖値の上昇を緩やかにするなどの効果が期待できます。

またぷりぷりした食感が肉の脂身と似ているので、肉と一緒に調理すると、肉の量を減らすことができます。

保存方法★袋に入って売られているものは未開封なら冷蔵保存でかなり長くもちます。袋から出したものは、密封容器に入れて冷蔵保存し、できるだけ早く食べきってください。

おまけ情報★こんにゃくは石灰臭を抜くために、下ゆでしてから調理するのが一般的なのですが、最近は下ゆで不要というこんにゃくも普通に売られるようになりました。買うときに袋の表示をチェックしてみてください。

ごぼうみそ

材料(2人分)

ごぼう　1本
にんにく(みじん切り)
　1かけ
ごま油　大さじ1
Aみそ　大さじ2
─はちみつ　大さじ2
赤とうがらし　1本

作り方

①ごぼうは斜め薄切りにしてさっと水にさらす。
②フライパンにごま油を入れてごぼうを炒め、ふたをして弱火で蒸焼きにする。
③ごぼうがやわらかくなったら、にんにくを入れてさっと炒める。
④Aを入れ、すこしみそを焦がすよう炒めたらでき上り。好みで赤とうがらしの小口切りを混ぜる。

✿ごぼうをみそに漬け込むとおいしいものです。ゆでたごぼうにみそをつけていたのですが、あるときゆでるより炒めたほうが味も香りも引き立つんじゃないかと思い、やってみたのがこれ。ゆでるより簡単で、香りも歯ごたえもよく、またみそが少し焦げたのもおいしいのです。

　にんにくは入れても入れなくてもいいのですが、入れるとパンチのきいた味になります。すりおろすよりみじん切りにしたほうが、香りが軽くなります。

ごぼうとじゃこのきんぴら

材料(2人分)

ごぼう　1本
にんじん　小1本
ちりめんじゃこ　20g
ごま油　大さじ1
しょうゆ　大さじ1
みりん　大さじ1
いりごま　適宜

作り方

①ごぼうとにんじんは細切りにし、ごぼうはさっと水にさらす。
②フライパンにごま油を入れ、ごぼうとにんじんを炒め、ちりめんじゃこを入れてさらに炒める。
③しょうゆとみりんで味を調えたら、最後にごまを混ぜてでき上り。

✿きんぴらにうまみとコクをプラスするために、豚肉やベーコンなどを入れていたのですが、あるときベーコンの代りにちりめんじゃこを入れてみたら、あっさりしているのにうまみたっぷりの、おいしいきんぴらになりました。以来わが家のきんぴらはじゃこが定番です。
　作ってすぐは、ちょっと物足りないくらいの味にしておくのがコツ。時間がたつうちにじゃこから塩分が出てきて、冷めると味が濃くなりますから。たっぷり作って、お弁当のおかずにしたり、ご飯と混ぜてきんぴらご飯にするのもおすすめです。
　ごぼうの細切りは、斜め薄切りにしたあと、少しずつずらして並べ、端から細切りにすると、早く上手に切れます(写真)。

ごぼうと油揚げの柳川

材料(2人分)

ごぼう　½本
油揚げ　1枚
A
- 水　1カップ
- 昆布(1×10㎝のもの)　1枚
- しょうゆ　大さじ2
- みりん　大さじ2

卵　2個
かつお節　1パック(5g)
青ねぎ(小口切り)　適宜
七味とうがらし、粉山椒など　適宜

作り方

① ごぼうはささがきにし、さっと水に放したらすぐにざるに上げる。油揚げは縦半分に切って細切りにする。

② ごぼうと油揚げをAの材料とともにフライパンに入れ(昆布はキッチンばさみで端から細く切りながら入れる)、ふたをして煮る。

③ ごぼうがやわらかくなったら、かつお節ととき卵を回し入れて、好みのかたさに固まったら青ねぎを散らす。

④ 器に盛って、好みで七味とうがらし、粉山椒などをかける。

✿柳川というと本来はどじょうとごぼう。家庭ではうなぎや豚肉なんかで作る場合もありますが、油揚げとごぼうの組合せにしてみたら、あっさりと上品な柳川になりました。

ここではうまみを出すためにかつお節を入れましたが、だし代りにさばの水煮缶を入れてもよく合います。さば缶もかつお節もいちばん最後に入れて、煮すぎないのがコツです。

ごぼうのささがきは包丁で切ったほうが歯ごたえが残っておいしいものですが、うまくできないときはピーラーを使えば、簡単に薄く切れます。

鶏とごぼうの混ぜご飯

材料(2人分)

鶏もも肉　小さめ1枚
塩、こしょう　各適宜
ごぼう　1本
ごま油　小さじ1
しょうゆ　大さじ2
みりん　大さじ2
かつお節　1パック(5g)
ご飯　茶碗2杯分

作り方

① 鶏もも肉は小さく切り、塩、こしょうをもみ込む。ごぼうはささがきにして、さっと水にさらして水気をきる。

② フライパンにごま油を入れて、鶏もも肉をこんがりと焼く。ごぼうを加え、鶏肉から出てきた脂でごぼうを炒める。

③ ごぼうが好みのやわらかさになったら、しょうゆとみりんを回し入れてからめ、かつお節を混ぜる。火を止めてご飯を混ぜる。

✿鶏とごぼうの炊込みご飯って、炊込みご飯の王道ですね。けれど、最近はわが家も家族全員がそろってご飯を食べる回数が減ってきたせいで、炊込みご飯にすると食べきれないことが多くなりました。そこで、炊き込むよりも簡単で、作る量も加減できる混ぜご飯にしてみました。これなら一人分でも気楽に作れます。

鶏肉はチキンライスのように、少し小さめに切るほうがごぼうとのバランスがいいようです。最初に鶏肉をしっかり炒めて油を出し、その油でごぼうを炒めるとコクが出ます。ごぼうを入れた後、ふたをして蒸焼きにするとごぼうがやわらかく仕上がるので、お好みで。

ご飯を入れてから味をつけるのではなく、鶏とごぼうにしっかり味をつけてから、熱々のご飯に混ぜるのがコツです。

焼き蓮根

材料(2人分)

蓮根　1節
オリーブオイル　少々
塩、こしょう　各適宜

作り方

蓮根は縦に食べやすく切り、オリーブオイルと塩、こしょうをふりかけて、魚焼きグリル、またはオーブントースターで焼く。

✿いっときいろんなものにオリーブオイルと塩をかけ、オーブンで焼いて食べるというのにはまっていまして、いろんな食材を焼いて食べていたんです。そのとき発見したのがこの焼き蓮根のおいしさ。蓮根の甘さとうまみがぎゅっと凝縮されて、感動するくらいおいしいのです。

蓮根は歯ごたえを楽しむために、縦に切るのがおすすめ。大ぶりに切った蓮根にかぶりつくと、蓮根ってこんなにおいしかったのかと、そのたびに思います。焼き時間は様子を見ながら10〜15分くらいかけてじっくり焼くのがおすすめです。

即席からし蓮根

材料(2人分)

蓮根　1節
A小麦粉　大さじ5〜6
—水　½カップ
ごま油　適宜
Bしょうゆ　大さじ1
—酢　大さじ1
—からし　小さじ1

作り方

①蓮根は1cm厚さの輪切りにする。
②蓮根にAを混ぜたものをからめ、ごま油をひいたフライパンで焼く。
③器に盛ってBを混ぜたたれをかける。

✿熊本名物からし蓮根。蓮根の穴の中にからしを詰め、薄い衣をつけて揚げて作ります。それを家庭で、もっと簡単に作れないかと考えたのがこれ。薄い衣をつけて焼いて、後からからし酢じょうゆをかけるだけ。1cmくらいの厚さだと意外に早く火が通り、かりっとした衣としゃきしゃきした蓮根と、口の中がちょっと楽しくなるような食感が楽しめます。

蓮根はきれいに洗えば皮ごともおいしいので、私は皮ごと料理してしまいますが、皮が口に残ることはありません。

じゃこ蓮根

材料(2人分)

蓮根　1節
ちりめんじゃこ　30g
ごま油　大さじ1
A水　½カップ
　昆布(1×10cmのもの)　1枚
　しょうゆ　大さじ1
　みりん　大さじ1
いりごま　適宜

作り方

①蓮根は薄切りにして水にさらす。
②フライパンにごま油を入れてちりめんじゃこを炒め、いい香りがしてきたら蓮根を加えて炒める。
③Aを加え(昆布はキッチンばさみで端から細く切りながら入れる)、ふたをして煮る。
④蓮根がやわらかくなったらふたを取り、水分が蒸発するまで煮て、最後にごまを混ぜる。

✿このレシピは、もともとたけのこで作っていたレシピです。ちょっとかたくなったのを細かく刻んでじゃこで煮るのは、ふるさと京都のおばんざい。わが家でもよく作ります。あるとき蓮根で作ってみたらおいしくて、たけのこがないときにはもっぱらこっちを作っています。

　蓮根の切り方は、薄めでも厚めでも好みで。薄めに切ると、しゃきしゃきした食感が楽しめ、混ぜご飯にしたり、ちょっとした箸休めやお弁当のおかずに。厚めに切ると食べごたえがあり、煮物風でまた違ったおいしさになります。

蓮根だんご

材料(2人分)

蓮根　1節(200gくらい)
A豚ひき肉　100g
　万能ねぎ　⅓束
　おろししょうが　1かけ分
　しょうゆ　大さじ1
ごま油　大さじ1

作り方

①蓮根はポリ袋に入れ、袋の上からめん棒でたたいて砕く(写真)。
②Aを加えて袋の上から混ぜる。
③袋の口を縛って角を切り、肉だねを絞り出して丸め、ごま油をひいたフライパンで、ひっくり返しながらこんがり焼く。

✿ひき肉だねに蓮根が入ると、いつもの肉だんごがちょっとしたごちそうに変身!!　しゃきしゃきした歯ごたえが面白く、あっさりと食べられるんです。
　普通は蓮根を細かく刻んで混ぜるんですが、私はポリ袋の中で蓮根をたたいて砕き、その中にひき肉も全部混ぜちゃう。そうすると、刻む手間がなくなってラクチンなだけでなく、蓮根がいろんな大きさに砕けるので、食感も面白くなるんです。しかも蓮根のでんぷんもうまくひき肉に混ざるので、ひき肉自体もふんわりやさしい口当りになります。
　袋の角から絞り出してもいいのですが、蓮根の大きさによっては絞りにくいので、私は袋を切り開いて、その上で丸めています。

ぷりぷりこんにゃくの酢みそかけ

材料（2人分）

こんにゃく　1枚
A みそ　大さじ1
　酢　大さじ1
　はちみつ　大さじ1
からし　小さじ1

作り方

①Aを混ぜて酢みそを作る。
②こんにゃくを薄く切り、フライパンでからいりする（写真）。
③こんにゃくの水分が抜けてぷりぷりしてきたら取り出し、Aの酢みそをかける。

✿刺身こんにゃくっておいしいですよね。別にうまみがあるわけでも香りがあるわけでもないのに、ついつい手が伸びてしまう。
　あるとき普通のこんにゃくと刺身こんにゃくって何が違うんだろうと素朴な疑問がわきまして、たぶん刺身こんにゃくのほうがぷりぷりしてるんじゃないかと私なりに思ったわけです。で、普通のこんにゃくをもっとぷりぷりにするにはどうすればいいかと考えて、たどり着いた答えがからいり。油をひかずに炒めるわけです。からし酢みそをかければ、一人でこんにゃく1枚くらい食べてしまえるくらいのおいしさです。

糸こんにゃくとえのきの梅煮

材料（2人分）

糸こんにゃく　1袋
えのきだけ（ざく切り）　1袋
しょうが（せん切り）　1かけ
梅干し　1〜2個
酒　大さじ1
しょうゆ　大さじ1〜2

作り方

①糸こんにゃくは食べやすく切り、フライパンでからいりして水分を飛ばす。
②からりとなったら、しょうが、えのき、梅干しを入れ、酒を回し入れて混ぜながらえのきに火を通す。
③えのきがしんなりしたら梅干しをつぶして混ぜ、しょうゆで味を調える。
★梅干しの種は器に盛るときに取り除いてください。

✿食事の最初に食物繊維の多いものを食べると、エネルギーがゆっくり吸収されるので、血糖値の上昇も緩やかになります。糖尿病や糖尿病予備軍の人はもちろん、そうでない人でも、血糖値がゆっくり上がるほうが体に優しいんです。

　食物繊維が多くて、カロリーがあまり高くなくて、しかも満腹感があり、作りおきができて、すぐに食べられる料理。そんなコンセプトで考えたのがこれ。梅干しとしょうがが風味で食べやすく、ノンオイルなのでたっぷり食べても低カロリー。冷蔵庫に作りおきすると、重宝する一品です。

こんにゃく焼き肉

材料(2人分)

こんにゃく　1枚
Aしょうゆ　大さじ2
　酢　大さじ1
　ごま油　大さじ1
　はちみつ　大さじ½
　すりごま　大さじ1
　おろしにんにく　1かけ分
　おろししょうが　1かけ分
長ねぎ(小口切り)　½本
ごま油　大さじ1

作り方

①こんにゃくは1cmほどの厚さに切り、からいりする。Aを混ぜてたれを作る。
①きれいにしたフライパンに油をひいてこんにゃくを焼き、器に盛ってたれをかける。

✿恥ずかしい話ですが、たまに家で焼き肉をすると、子供と親との間で激しい肉の争奪戦が起こりまして、気が休まりません。そこで作戦を考えまして、肉と一緒にこんにゃくを焼いてみたのです。そうすると、こんにゃくって意外に人気があることが判明。肉よりもあっさりしているのに、肉の脂身を食べているような食感もあり、肉の油が表面につくと、ちょっと肉っぽい感じの香りとコクがつくのもいい点。

　ここではこんにゃくだけ焼いてみましたが、いろんなシチュエーション(前菜代りに食べるとか、酒の肴にするとか、野菜料理の一品として食べるとか)で作ってみてください。一度からいりしてから焼くとぷりぷり感が増します。

こんにゃくと豚肉のみそ炒め

材料(2人分)

こんにゃく　1枚
豚肉(薄切り)　150g
Aしょうゆ、はちみつ
　各大さじ1
片栗粉　小さじ1
ごま油　大さじ1
Bみそ、みりん、酒
　各大さじ2
おろししょうが　1かけ分
長ねぎ(小口切り)　1本
七味とうがらし　適宜

作り方

①こんにゃくは一口大に切る。豚肉は食べやすく切り、Aをもみ込んで下味をつける。
②フライパンに油をひかずこんにゃくを入れてからいりする。
③こんにゃくをフライパンの端に寄せ、あいたところにごま油を入れて豚肉を炒める。
④豚肉においしそうな焼き色がついたらこんにゃくと混ぜ、Bを入れてからめながら炒める。
⑤最後に長ねぎを入れて炒め、ねぎがしんなりしたら器に盛って七味とうがらしをふる。

✿一杯飲み屋でモツ煮込みを食べたとき、モツ煮込みにこんにゃくが入っている意味を悟ったんです。な～んて書くと、ちょっと大げさですが、つまり、こんにゃくってモツに化け、肉の脂身に化け、その一方で口の中にちょっとした安らぎを与えてくれ、モツ煮込みの中のこんにゃくって、陰の主役といっても過言ではないのですね。

　そんなモツ煮込み風料理を簡単に作れるように考えたのがこれ。煮込まずにみそをからめるだけなのですが、肉が生のうちに調味料をもみ込んでおけば、煮込んだような味のしみ込み方になるんです。モツは入っていませんが、こんにゃくがモツ代り、のつもり。

さ

［さ］は魚を中心とした魚介類のことです。
さばやいわし、さんまなどの青背魚、鯛、たら、ひらめなどの白身魚、ちりめんじゃこ、桜えびなどの干物類、あさり、しじみ、かきなどの貝類、えび、かに、いか、たこなどを指します。

〈魚の栄養〉

魚介類は、良質のたんぱく質源。加えて白身魚やえびやいか、貝類は脂肪分が少なく低カロリーなのもうれしいところです。さらに青背の魚の油は、ＥＰＡやＤＨＡといった不飽和脂肪酸をたっぷり含んでいるので、生活習慣病の予防としても積極的に食べたい食材。たこやいかには疲労回復の栄養剤でもおなじみのタウリンが多く含まれ、貝類には亜鉛、鉄といった体にうれしいミネラル分がたっぷりです。

この本では、特に保存性と調理のしやすさで、ちりめんじゃことさば缶を取り上げていますが、その他の魚介類もたくさんの健康効果があるので、積極的に食卓にのせてくださいね。

奥薗流おすすめ素材

ちりめんじゃこ

かたくちいわしやまいわし、うるめいわしの稚魚で、一般的にさっとゆでただけのものがしらす、それを乾かしたものがちりめんじゃこといわれています。時期や製法によって、干し加減に差があります。

おすすめポイント★①保存性がある。
②手に入りやすく、調理が簡単。
③カルシウム、ビタミンDが豊富。

魚というと、下処理がめんどくさかったり、生臭かったり。また毎日買い物に行けない、あるいは新鮮な魚が手に入りにくい、など毎日食べようと思っても、なかなかできない場合もあります。そんなときにちりめんじゃこなら、年中、手に入りやすいですし、調理も簡単、しかも保存性が高いですから、気軽に食卓にのせられるのではないでしょうか。

栄養的にみても、不足しがちなカルシウムをたっぷり含んでおり、更にそのカルシウムの吸収を助けるビタミンDもたっぷり含んでいるという優れもの。

ちりめんじゃこは塩分の多いものもあるので、その塩分を味つけに上手に使って料理するのがコツです。

保存方法★保存袋などに入れ、冷蔵保存。冷凍保存すると長期保存もできます。

おまけ情報★ちりめんじゃこは、冷凍保存すると、いつでも使えて便利です。冷凍用の保存袋にそのまま入れて、凍ったら袋の上からたたくときれいにばらばらになります。

奥薗流おすすめ素材

さば缶

不飽和脂肪酸のＤＨＡ、ＥＰＡの含有量がトップクラスのさば。そのさばを生のままぶつ切りにして缶に入れ、封をして加熱したものがさば缶です。味つけはいろいろありますが、ここでは料理に応用しやすいシンプルな水煮（塩味）のものを使いました。

おすすめポイント★①豊富なＤＨＡ、ＥＰＡ。
②手軽に手に入る。
③保存がきく。
④調理が簡単。

さばの切り身を生のまま缶に入れて加熱調理してあるため、さばに含まれるＤＨＡ、ＥＰＡがすべて丸ごと入っています。実は生のさばを塩焼きにするよりも、効率よくこれらの油をとることができるのが、うれしいところなのです。ＥＰＡは血液をさらさらにし、動脈硬化や心筋梗塞などの血液の病気を予防する働きがあるといわれ、ＤＨＡは脳や神経細胞の活性化や、痴呆症の予防に有効といわれています。缶詰なので、年中安定した価格で手に入りやすく、また買置きできるのもいいところです。すでに加熱してあるので、そのまま食べることもできますし、また生臭さもまったくない濃厚なさばのうまみがたっぷりなので、だし代りとしても使えます。

保存方法★未開封のものは常温保存。開封したものは、密封容器に入れて冷蔵保存し、できるだけ早く食べきってください。

おまけ情報★ＤＨＡやＥＰＡは缶汁にたっぷり流れ出ていますので、缶汁ごと使うのがポイントです。また、水煮といっても塩味がついていますので、調理に使うときはその分の味を考慮して調味料を入れるのがコツです。

じゃこの甘辛煮

材料（作りやすい分量）

ちりめんじゃこ　40g
Aしょうゆ、砂糖
　各大さじ1
─酒　大さじ1
いりごま　大さじ2

作り方

①ちりめんじゃことAを鍋に入れて火にかけ、全体に味をからめたら火を止める。
②最後にごまを混ぜてでき上り。

✿瀬戸内名物、いかなごのくぎ煮。ちりめんじゃこを二回りくらい大きくしたのがいかなご。春先が旬です。それをしょうゆとみりん、砂糖などで甘辛く煮たものがくぎ煮。いかなごの旬の季節には大鍋でたっぷり作られるそうで、私も友人のお母さん手作りのものをいただいたりします。

　このじゃこの甘辛煮は、それをちりめんじゃこでアレンジしたものです。ちょっと甘めですが、ご飯と一緒に食べるとなんだかほっとする味ですよ。たっぷりごまを入れるとさらにコクとうまみがアップし、手作りならではのおいしさです。

じゃこと白菜の即席漬け

材料(2人分)

ちりめんじゃこ　20g
白菜　1/8株
塩　小さじ1/2
昆布(1×10cmのもの)　1枚
赤しそふりかけ　適宜

作り方

①白菜は小さめのざく切りにし、塩、ちりめんじゃこ、端から細く切った昆布とともにポリ袋に入れ、袋の上からもむ。
②しんなりしたら器にとり、赤しそふりかけをかける。

✿野菜と塩をポリ袋に入れてもむだけで、簡単な漬物ができますが、そのときちりめんじゃこを一緒に入れると、うまみがプラスされて、ワンランク上のおいしさになります。野菜は白菜以外にも、大根やきゅうり、キャベツ、かぶ、水菜など、塩もみしておいしいものなら何でも応用できます。

　漬物に、ほんの少ししょうゆをかけるとおいしいものですが、しょうゆの代りに赤しその粉(ゆかり)をかけると、ちょっとしば漬け風の味わいになり、これもまたおいしいものです。もむときに入れるより、器に盛ってからかけるほうが色がきれいに仕上がります。

じゃこと大豆の山椒煮

材料(2人分)

- ちりめんじゃこ　30g
- 大豆(ドライパック)　小1缶
- A
  - 水　1カップ
  - 昆布(1×10cmのもの)　1枚
  - しょうゆ　大さじ1/2
  - みりん　大さじ1
- 実山椒の塩漬け　10g
- かつお節　3パック(15g)
- いりごま　大さじ1

作り方

①フライパンにちりめんじゃこ、大豆、Aを入れ(昆布はキッチンばさみで端から細く切りながら入れる)、ふたをして火にかける。

②沸騰したら弱火にして、5～10分ほど煮る。

③煮汁がほぼなくなったら、かつお節を入れて全体を混ぜ、最後にごまを混ぜる。

✿京都名物ちりめん山椒。ご存じ、ちりめんじゃこと山椒の実を煮たもの。これを家で作るとなると、一度ちりめんじゃこをさっとゆでて塩分を抜き、それからしょうゆとみりんで煮ることになります。一度じゃこの塩分を抜かないと、しょっぱくなりすぎるんですね。でも、なんとなくせっかくのじゃこのうまみが流れ出てしまうようで、ちょっともったいない気もするのです。そこで、塩分を利用して大豆も一緒に煮ることにしました。そうすると、なんだか手作りならではの、素朴な常備菜ができ上がったというわけ。実山椒の塩漬けは、スーパーの瓶詰めコーナーで売られていますが、もし手に入らないときは、しょうがのせん切りをたっぷり入れても、おいしくできます。

かぼちゃとピーマンのじゃこ煮

材料(2～3人分)

- かぼちゃ　1/4個(約400g)
- ピーマン　4個
- ちりめんじゃこ　40g
- 水　150ml
- 昆布(1×10cmのもの)　1枚
- しょうゆ　大さじ2
- みりん　大さじ2

作り方

①かぼちゃは皮ごと2～3cm幅に、ピーマンは縦半分に切ってへたと種を取り、短冊に切る。

②すべての材料をフライパンに入れ(昆布はキッチンばさみで端から細く切りながら入れる)、ふたをして弱火で煮る。

③かぼちゃが中までやわらかくなったらでき上り。

✿かぼちゃって、かつおのだしと合わないように思うんですよね。かつおで煮るなら、むしろだしを使わずに煮たほうがおいしいとさえ思う。ところが、じゃこと煮てみると、これがすごーく相性がいいのです。同じくじゃことの相性のいいピーマンと一緒に煮ると、ご飯にも合うおいしい煮物になりました。

フライパンで煮るのがおいしく作るコツ。かぼちゃが重ならずに並べられるので、煮くずれする心配がないのです。水分は少なめでかぼちゃの半分くらいしかつかりませんが、ふたをして蒸し煮にすることで、中までほっくりと煮えます。ふたはぴったりと閉まるものを使ってくださいね。

ピーマンのじゃこ焼き

材料（2人分）

ちりめんじゃこ　適宜
ピーマン　5個
A マヨネーズ　大さじ2
　おろしにんにく　1かけ分
ピザ用チーズ　適宜

作り方

①ピーマンは縦半分に切ってへたと種を取る。
②ピーマンのくぼみにAを混ぜたものをぬり、チーズとじゃこものせる。
③あらかじめ熱くしておいた魚焼きグリルに入れ、上火だけにして、じゃこがかりかりになるまで約2分焼く。
④じゃこがかりっとなって、チーズがとけたらでき上り。

✿早い話が、ピーマンにチーズとじゃこをのせて焼いたピザです。けれど、このピザ、ポイントは、焼くときに上火だけで焼くこと。つまり、下のピーマンは生で、上のじゃこだけがかりかりに焼けているんです。一見ミスマッチな感じがしますが、これ、本当においしいんです。だってかりかりに焼けたじゃこって、ただでさえうまみが凝縮されておいしくなるのに、そこにチーズのコクもプラスされるわけで、さらに隠し味のにんにくマヨが、ふわーっと後から口の中に広がる。そしてそして、生のピーマンのみずみずしい食感。これらが本当に絶妙なバランスなのです。ぜひぜひお試しあれ。

かぶと ちりめんじゃこの 炒め物

材料(2人分)

ちりめんじゃこ　20g
かぶ(葉つき)　2～3個
塩　適宜
にんにく(薄切り)　1かけ
オリーブオイル　大さじ1
赤とうがらし(輪切り)　1本

作り方

①かぶは実と葉っぱに分けてよく洗い、実は皮ごとくし形切りに、葉はざく切りにして塩でもむ。
②フライパンにオリーブオイルとにんにくを入れて火にかけ、いい香りがしてきたら、ちりめんじゃことかぶの実と赤とうがらしを炒める。
③かぶが少し透き通った感じになったら、葉っぱの水気を軽く絞り、一緒に炒める。全体に味がなじんだらでき上り。

✿ちりめんじゃこって、野菜と炒めてもすごくおいしいんです。このおいしさを知ってからは、ベーコンと野菜を炒めるより、じゃこと野菜を炒めるほうが大好きになってしまったくらい。

　中でもかぶとちりめんじゃこの組合せは、私の好きなものの一つ。かぶってさっと炒めると甘みが出て、ちりめんじゃこの塩分とすごく合うんです。ちょっと生っぽい食感も残るくらいに炒めるのが私は好きです。葉っぱは切ったままのものをいきなり炒めると水が出るので、軽く塩でもんでから入れるのがコツです。しんなりしてかさが減っているので、炒めやすいのもいいところです。

じゃこにら玉

材料(2人分)

ちりめんじゃこ　20g
卵　2個
にら　1束
ごま油　大さじ1
おろししょうが、しょうゆ　各適宜

作り方

①卵をといて、ちりめんじゃこを混ぜておく。にらはざく切りにする。
②フライパンにごま油を入れ、にらを炒める。
③にらがしんなりしたら①の卵を流し入れ、大きく混ぜて好みの固まりぐあいになったら器に取り出す。
④好みでしょうがじょうゆをかける。

✿にら玉にちりめんじゃこを入れてみると、うまみがアップして、白いご飯にも酒の肴にも、もってこいのおかずになりますよ。

　焼き方はその日の気分で、スクランブルエッグのように焼くもよし、かに玉風にぺっちゃんこに焼いてしっかり焦げ色をつけるのもよし、だし巻き風にするもよし、です。卵自体には塩を入れないで、食べるときにしょうがじょうゆをかけるのがわが家流。にらの風味としょうがの香りがとってもよく合います。

レタスと卵とじゃこの炒め物

材料（2人分）

レタス　½個
卵　2個
塩　ふたつまみ
こしょう　少々
ちりめんじゃこ　20g
ごま油　大さじ1

作り方

①卵は塩、こしょうを入れてときほぐす。
②フライパンにごま油を入れてちりめんじゃこをさっと炒め、卵を一度に流し入れる。
③大きくかき混ぜたらその上に、食べやすい大きさにちぎったレタスをのせてふたをする。
④中火で2分ほど蒸焼きにし、レタスの色が鮮やかになったらふたを取り、大きく混ぜて器に盛る。

✿レタスって、加熱してもしゃきしゃき感がなくならず、むしろ味が濃くなっておいしいですね。じゃことレタスだけをさっと炒めたのもおいしいのですが、卵を加えてみると彩りも華やかで、食べごたえもアップ。わが家では朝ご飯によく作る一品です。

作り方のポイントは、じゃこを炒めたところに卵液を流し入れたら、その上にレタスを広げてふたをするんです。蒸し時間はだいたい2分。レタスの緑色がパーッと鮮やかになったところで、大きく混ぜると、卵はいい感じに焼き色がついたじゃこ入り卵焼きになっているというわけ。この料理は他の野菜と思わず、ぜひレタスで作ってみてくださいね。

じゃこと小松菜の ぽん酢炒め

材料（2人分）

小松菜（ざく切り）　1束
ちりめんじゃこ　20g
しょうが（せん切り）　1かけ
ごま油　大さじ1
A 水　½カップ
　ぽん酢しょうゆ　大さじ2
　片栗粉　小さじ1

作り方

① フライパンにごま油を入れてしょうがを炒め、いい香りがしてきたら、小松菜の軸のほうから炒める。
② 小松菜の葉っぱとちりめんじゃこを入れてさらに炒める。
③ Aを混ぜたものを一度に入れて、全体にからめる。

✿じゃこと小松菜の炒め物にぽん酢しょうゆをかけて食べるのがわが家の定番。ただ炒めただけだと、食べるときにじゃこがぽろぽろお箸の先からこぼれ落ちてお皿にじゃこが残ってしまうので、ちりめんじゃこと小松菜がうまくからまるように、あんかけにすることを思いつきました。

あんかけといってもぽん酢と水と片栗粉を合わせたものを一気にジャッと入れる奥薗流なら、水溶き片栗粉がだまになることもなく、しゃきっとした極上の炒め物が失敗なくできます。

じゃこキャベツトースト

材料(2人分)

食パン　2枚
キャベツ　$\frac{1}{8}$個
塩　ふたつまみくらい
マヨネーズ　大さじ2〜3
ちりめんじゃこ　適宜
ピザ用チーズ　適宜

作り方

①キャベツはせん切りにし、塩もみしてしんなりさせる。
②食パンの上にマヨネーズをぬって①をのせ、その上にちりめんじゃことピザ用チーズをのせる。
③オーブントースターでこんがり焼けばでき上り。

✿チーズとちりめんじゃこって相性がいいですね。じゃこチーズトーストにたっぷりのキャベツをプラスして、バランスのいい一品にしました。

　キャベツを塩もみするときは、しょっぱくならない程度の少しの塩でもむのがコツ。塩を入れてすぐにキャベツがしなしなするくらい塩を入れてしまうと、でき上りがしょっぱくなりすぎます。塩をまぶして10分くらいおいたら、やっとしんなりするくらいの塩加減でいいのです。

　マヨネーズをぬるのは、キャベツとパンをくっつけるため。これがないと、食べるときキャベツだけがずるりとめくれてしまうので、ご注意ください。

じゃこと梅干しとしょうがのおかゆ

材料（2人分）

A 水 2カップ
　ちりめんじゃこ 30g
　梅干し 1個
　しょうが（せん切り） 1かけ
ご飯 茶碗1〜2杯分

作り方

①Aを鍋に入れて火にかけ、沸騰したらご飯を入れて煮る。
②とろりとなってきたら梅干しをつぶして混ぜてでき上り。

✿朝ご飯におかゆというのはいいものです。ちょっと前の日の夜食べ過ぎたかなというときも、朝ご飯を抜くより、消化のいいおかゆを食べたほうが、胃や腸がいい感じに動いて、昼ごろにはすっきりおなかがすいていたりするものです。

　このじゃこと梅干しの入ったおかゆは、おかゆ好きの私が特に大好きなおかゆの一つ。しょうがのせん切りをたっぷり入れるのがおいしさの秘密。しょうがのおかげで体の中からぽかぽか暖かくなってくるのもうれしいところです。

水菜とじゃこのサラダずし

材料（2人分）

水菜 ½束
ちりめんじゃこ 20g
ぽん酢しょうゆ 大さじ2
ご飯 茶碗2杯分
いりごま 適宜

作り方

①水菜はざく切りにする。ちりめんじゃこをぽん酢しょうゆにつける。
②ご飯に水菜を混ぜ、器に盛って①のちりめんじゃこをのせ、ごまをふる。
③味をみて足りないようなら、食べるときにさらにぽん酢しょうゆをかける。

✿普段からじゃこを酢につけたものを冷蔵庫に常備して、野菜にぱらぱらとかけたり、ご飯にのっけたりして食べています。酢につけることでじゃこがやわらかくなって食べやすくなるし、じゃこをつけておいた酢もうまみが出ているのでいろいろに使えるのです。

　このおすしはそれをアレンジしたもので、酢の代りにぽん酢しょうゆにつけ込んでみました。水菜は少し塩でもんでからご飯に混ぜると、ご飯と混ざりやすくなります。水菜の代りにきゅうりや三つ葉などでもおいしくできます。

さば缶サラダ

材料（2人分）

さば水煮缶　1缶
水菜、きゅうり、貝割れ、トマトなど
　好みの生野菜　適宜
おろししょうが　1かけ分
マヨネーズ　適宜
レモン汁　適宜

作り方

①器に食べやすく切った好みの生野菜をたっぷり入れ、その上にさば缶を汁ごとあけ、おろししょうがをのせる。
②マヨネーズをかけ、レモン汁を好みでかける。食べるときに全体を混ぜる。

✿さば缶好きにはおなじみの、さば缶サラダです。とにかく生で食べられるありあわせの野菜をお皿に入れ、その上にさば缶をばさっとあけたら、あとはマヨネーズとレモン汁をだーっとかけるだけ。なんともダイナミックな作り方ですが、これをわっさわっさと混ぜて食べると、いや〜もりもり野菜が食べられちゃうんですよね。私はおろししょうがを隠し味に入れるのが好きなのですが、おろしにんにくや七味とうがらし、豆板醤など、好みのものを入れてみてください。

さばのにらあえ

材料(2人分)
- さば水煮缶　1缶
- にら(刻む)　1束
- 長ねぎ(みじん切り)　1/2本
- 塩　小さじ1/2
- おろししょうが　1かけ分
- ごま油　少々
- A おろししょうが、しょうゆ
- ── 各適宜

作り方

1. ボウルににら、長ねぎ、塩を入れて混ぜる。
2. にらが少ししんなりしたら、さば缶とおろししょうがを混ぜ、最後に香りづけにごま油を回しかけてでき上り。
3. 器に盛って、Aを混ぜたしょうがじょうゆをかける。

✿火を使わない常備菜です。すべての材料を混ぜるだけなので、あっという間にできるのもうれしいところ。そのまま食べるもよし、ご飯にのせるもよし、そうめんをあえるもよし、しょうゆが少しかかるほうがおいしいので、食べるときにしょうがじょうゆをかけると、さらにおいしくなります。

応用編としては、このにらあえをとき卵に入れて卵焼きにしたり、あるいはご飯と一緒に炒めてチャーハンにしたり。極めつけはお湯を注ぎ、ほんの少ししょうゆを入れると極上のスープになります。これはスープとして楽しむほかに、ご飯を入れてクッパ風にするのもおいしいものです。にらあえの保存は冷蔵庫で約3日。

さば缶ともやしのピリ辛サラダ

材料(2人分)
- さば水煮缶　1缶
- もやし　1袋
- 青ねぎ(ぶつ切り)　1/3束
- すりごま　大さじ2
- A みそ　大さじ1
- マヨネーズ　大さじ1
- 牛乳　大さじ1
- 酢　大さじ1
- はちみつ　大さじ1/2

作り方

1. もやしと青ねぎは耐熱容器に入れ、2分30秒電子レンジ(600W)にかける。
2. 1のもやしと青ねぎから出てきた水分をきって、さば缶とすりごまを混ぜる。
3. 器に盛ってAを混ぜたソースをかける。

✿材料はさば缶ともやしと超経済的。簡単にできるのに食べごたえは充分。栄養的にもバッチリ。ご飯がもりもり食べられるおかずサラダです。

ポイントはもやしを電子レンジで加熱すること。水っぽくならず、失敗なくしゃきしゃきに仕上がります。ソースはみそマヨネーズ。これがさば缶とよく合うのです。すりごまをもやしにからめておくことで、ソースがもやしにもよくからみます。さば缶を混ぜるときは、DHA、EPAをたっぷり含んだ缶汁ごと入れてくださいね。

さば缶ねぎ焼き

材料（2人分）

さば水煮缶　1缶
長ねぎ（小口切り）　2本
A小麦粉　100g
　卵　2個
　水　1/2カップ
ごま油　適宜
お好み焼きソース
（またはしょうゆ）　適宜
マヨネーズ、青のり　各適宜

作り方

①Aを混ぜたところにさば缶と長ねぎを混ぜる。
②フライパンにごま油を入れ、①の生地を流し入れ、ふたをして蒸焼きにし、いい焼き色がついたらひっくり返して反対側も焼く。
③皿に取り出して、お好み焼きソース、マヨネーズ、青のりをかける。

✿お好み焼きを作るとき、小麦粉を濃いめのだしでとくのが関西風。そのだしもかつおのように上品なものより煮干しやさばといったちょっと雑味のあるほうがおいしいんです。そこで、だしの代わりにさば缶を入れたら、うまみアップでおいしくなるんじゃないかと思ったわけです。予想どおり大正解!!　さば缶の味で生地は格段においしくなり、しかもボリュームアップ、肉やえびなどを入れなくてもさば缶だけで充分って感じ。ここではねぎをたっぷり入れてねぎ焼き風にしてみましたが、もちろんキャベツや紅しょうがなどを入れてもおいしいです。

さばのトマトそぼろ

材料（作りやすい分量）

Aさば水煮缶
　1缶（190g）
　ケチャップ　大さじ4
　ウスターソース　大さじ1/2
からし　小さじ1

作り方

①フライパンにAを入れてよく混ぜたら火にかけ、水分を飛ばしながら炒める。
②ペースト状になったら火を止め、粗熱が取れたらからしを混ぜる。

✿さば缶を使って、作りおきできるペーストができないものかと思い、試行錯誤の末にできたのがこれ。最初はにんにくを入れていたのですが、それだと、朝のパンにぬるのに抵抗があるのでやめて、その代りにウスターソースを入れてみると、スパイシーな香りでぐっとおいしくなりました。さらにからしを入れると、全体が軽い感じの味になります。からしは冷めてから混ぜるのがコツです。パンにぬるだけでなく、焼きなすやゆでたじゃがいもにぬったり、パスタをあえたり、ピザソースやグラタンのソースにしてもおいしいですよ。保存は冷蔵庫で4～5日は大丈夫です。

さば缶とたっぷりねぎの蒸し煮

材料（2人分）

さば水煮缶　1缶
長ねぎ（斜め切り）　1本
おろししょうが　1かけ分
酒　大さじ2
ぽん酢しょうゆ　適宜

作り方

①フライパンにさば缶を缶汁ごと入れて木べらで軽くつぶし、おろししょうがと酒をかける。
②上に長ねぎをのせてふたをし、火にかける（中火からやや弱火）。
③3～5分、長ねぎがしんなりしたら軽く混ぜてでき上り。器に盛って、好みでぽん酢しょうゆをかける。

✿DHAやEPAたっぷりのさばは血液をさらさらにしてくれる効果があるといわれていますが、長ねぎに含まれるアリシンも血液をさらさらにする効果が期待できます。こんな簡単なのに体にいいなんて、本当にうれしいメニューでしょ？

　もっと簡単に作るには、電子レンジで。すべての材料を耐熱容器に入れ、ラップをして600Wの電子レンジに3分30秒かけるだけです。これなら、そのまま食卓に出せるので、もう何も作りたくないわという日でもできるんじゃないですか？

さば缶と大根の煮物

材料(2人分)
さば水煮缶　1缶
大根　1/3本
A 水　1カップ
　昆布(1×10cmのもの)　1枚
　しょうゆ、みりん　各大さじ1
　砂糖　大さじ1/2
おろししょうが　1かけ分
長ねぎ(小口切り)　1本
七味とうがらし　適宜

作り方

①食べやすく切った大根とAを鍋に入れ(昆布はキッチンばさみで端から細く切りながら入れる)、ふたをして火にかける。
②大根がやわらかくなったら、さば缶とおろししょうがを入れ、さっと煮る。
③最後に長ねぎを入れて一煮立ちしたらでき上り。器に盛って、好みで七味とうがらしをふる。

✿さば缶をおいしく調理するコツは、加熱しすぎないことです。さば缶自体、火が通っているし、そのままで食べておいしくできているわけですから、加熱すればするほど、魚の臭みも出るし、身もぱさついておいしくなくなるのです。ですからさば缶と大根を煮るときも、先に大根をやわらかく煮ておいてから、最後にさば缶を入れてさっと煮る、このタイミングがおいしく作るコツです。注意しないといけないのは、さば缶自体に味が充分ついているので、大根はごく薄味で煮ておくこと。しっかり味をつけてしまうと、味が濃くなりすぎるので、注意です。ねぎやしょうがは最後に入れて、香りや食感を生かすほうがおいしいと思います。

さば缶と玉ねぎの卵とじ

材料(2人分)
さば水煮缶　1缶
玉ねぎ　1個
三つ葉(ざく切り)　適宜
A 水　1/2カップ
　昆布(1×10cmのもの)　1枚
　しょうゆ　大さじ1
　みりん　大さじ1
　しょうが(せん切り)　1かけ
卵　2個
粉山椒　適宜

作り方

①玉ねぎは1cm幅の半月切りにする。
②Aと玉ねぎをフライパンに入れ(昆布はキッチンばさみで端から細く切りながら入れる)、ふたをして弱火で5分ほど煮る。
③玉ねぎがくたっとなったらさば缶を入れ、一煮立ちしたら三つ葉を入れ、とき卵を回し入れる。
④卵が好みのかたさになったら器に盛り、好みで粉山椒をふる。

✿今日は家にあるものだけでご飯を作るぞ！というとき、さば缶と玉ねぎだけで作れる卵とじはいかがでしょう？　さば缶はうまみがたっぷりなので、玉ねぎを煮て卵でとじるだけでも、おいしいおかずになるんです。ご飯にかければ、もちろんどんぶりにもなります。玉ねぎは繊維に対して直角に切ると早くやわらかくなり、玉ねぎがやわらかくなったところでさば缶を缶汁ごと入れるのがポイント。さば缶はさっと加熱がおいしさのコツなのです。

さばとじゃがいものピリ辛スープ

材料（2人分）
さば水煮缶　1缶
じゃがいも　2個
にら　1束
A 水　300ml
　昆布（1×10cmのもの）　1枚
おろしにんにく　1かけ分
みそ　大さじ1〜2
七味とうがらし　適宜

作り方
①じゃがいもは皮をむいて大きめに切り、にらはざく切りにする。
②鍋にAを入れ（昆布はキッチンばさみで端から細く切りながら入れる）、火にかける。沸騰したらじゃがいもとにんにくを入れ、ふたをして煮る。
③じゃがいもがやわらかくなったら、さば缶を汁ごと入れ、さらにみそも溶き入れる。
④最後ににらを入れ、一煮立ちさせて、器に盛って好みで七味とうがらしをふる。

✿韓国料理にカムジャタンという、大きなじゃがいもがごろっと入った鍋料理があるのですが、それをヒントに作った韓国風のピリ辛スープです。最初にじゃがいもを煮ておいて、最後にさば缶とみそを入れるのがおいしく作るコツ。最初からさば缶を入れるほうがいいだしが出る気がしますが、さば缶は最後に入れて煮すぎないようにするのがおいしく作るコツです。もしコチュジャンがあれば、スープに少し入れるのもおいしいですよ。じゃがいも以外にも大根やかぶ、かぼちゃなどでもおいしくできます。

トマさばそうめん

材料（2人分）

さば水煮缶　1缶
トマト　1個
A しょうゆ　大さじ2
　みりん　大さじ2
そうめん　4束（200g）
おろししょうが　適宜

作り方

①ボウルにさば缶とAを合わせ、トマトをすりおろして（写真）混ぜる。
②そうめんをゆでて水でしめる。
③①のたれにそうめんをつけながら食べる。好みでおろししょうがを入れる。

✿めんつゆにトマトのすりおろしを入れたトマトだれでそうめんを食べるトマトそうめんは、昔からのわが家の定番。トマトの酸味でそうめんをさっぱり食べることができます。
　さば缶を使えば、さばのうまみがたっぷり入るので、めんつゆなしでもおいしいたれができます。これを発見してからは、たれにはさば缶がわが家の定番です。さばの臭みもまったく気にならないので、子供たちにも大好評。栄養が偏りがちなそうめんも、こんな食べ方なら栄養バランスもバッチリ。夏も元気に乗り越えられそうです。

さば缶ずし

材料（2〜3人分）

さば水煮缶　1缶
米、水　各2カップ
昆布（1×10㎝のもの）　1枚
A 酢　大さじ2
　砂糖　大さじ1
　塩　小さじ1
紅しょうが（刻む）　適宜
B しょうゆ、砂糖　各大さじ1
　おろししょうが　1かけ分
C 卵　2個
　塩　少々
　サラダ油　少々
きゅうり　1本
塩　少々

作り方

①米は、昆布を端からキッチンばさみで細切りにして加えて普通に炊き、Aと紅しょうがを混ぜて酢飯を作る。
②さば缶とBをフライパンに入れてよく混ぜてから火をつけ、水分がなくなるまで混ぜながら煮つめてさばそぼろを作る（写真）。
③Cでいり卵を作る。きゅうりは薄い輪切りにして塩でもんでおく。
④酢飯に、さばそぼろと塩もみして水気を絞ったきゅうりを混ぜる。
⑤器に盛って、いり卵を散らす。

✿これは、祖母が繰り返し作ってくれた懐かしい味です。新鮮な魚が手に入りにくい京都の田舎では、おすしといっても新鮮なお刺身がのっているわけではなく、さば缶を甘辛く煮たそぼろの入ったばらずしが定番だったのです。
　その味を私なりにアレンジしたのがこれ。紅しょうがを細かく刻んだのをすし飯に混ぜると、甘辛いさばそぼろとよく合います。さばそぼろは作りおきすれば冷蔵庫で3〜4日は保存できるので、おすし以外にも、ちょっとしたお弁当のおかずにも重宝します。

さばカレー

材料(2人分)

さば水煮缶　1缶
トマト(乱切り)　2個
玉ねぎ(薄切り)　1個
にんにく　1かけ
オリーブオイル　大さじ1
カレー粉　大さじ1
ウスターソース　大さじ1
ご飯　茶碗2杯分

作り方

①フライパンににんにくとオリーブオイルを入れて火にかけ、いい香りがしてきたら玉ねぎを入れて炒める。
②玉ねぎがしんなりしたら、カレー粉を入れてさっと炒め、トマトとさば缶を入れる。
③さばを軽くつぶしたらふたをし、弱火で5分ほど煮る。
④トマトがくたっとなったらウスターソースを入れ、全体に混ぜたらでき上り。ご飯とともに器に盛る。

✿ちょっと古い話になりますが、さばカレーの缶詰工場が舞台となったテレビドラマがありまして、ドラマ終了後にさばカレーの缶詰が商品化されて、すごく売れたって話があるんです。ですからさばカレーというとそのドラマのことを思い出す、という方、いるんじゃないですかね。

　このさばカレーは、フレッシュトマトをたっぷり入れるので、どちらかというとさらりとしたさっぱりタイプのカレーです。最後に入れるウスターソースがスパイシーな香りをプラスし、さばの味を引き立ててくれます。

し

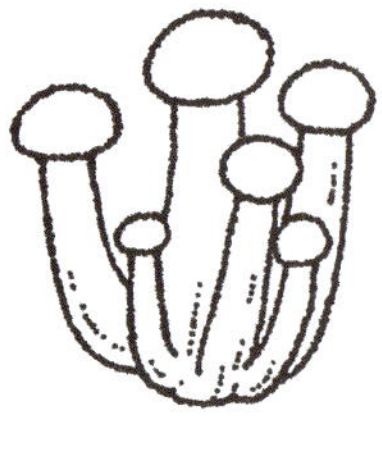

[し]はしめじ、しいたけなどのきのこ類です。
最近はいろいろな珍しいきのこも売られるようになりましたが、この本では、しめじ、えのきだけ、エリンギ、まいたけなど、菌床栽培で年中安定した価格で手に入りやすいきのこと、乾物のきくらげを中心にレシピを紹介しました。

干ししいたけについては前作『奥薗流・いいことずくめの乾物料理』に詳しく書いていますので、参考にしてみてください。

奥薗流おすすめ素材

きくらげ

くらげという名前ですが、れっきとしたきのこです。きくらげには黒、裏白、白などの種類がありますが、この本では黒きくらげを使いました。他のきくらげでも同様に料理できます。

おすすめポイント★①ビタミンDの含有量がトップクラス。
②豊富な食物繊維。
③低カロリー。
④きのこっぽくない食感。
一番のおすすめ理由は、ビタミンDの含有量の多さ。きのこの中でもトップクラスです。ビタミンDはカルシウムが骨に沈着するときに必要なビタミン。加えて食物繊維の含有量もトップです。もちろん他のきのこ同様、低カロリー。乾燥きくらげ10gで約17kcalなので、安心して食べられます。
ぷりぷりした食感がきのこっぽくなく、きのこ特有の香りや味がしないので、きのこが苦手な人も食べやすい、これもおすすめの理由です。

もどし方★①乾燥きくらげとひたひたの水をフライパンに入れ、ふたをして火にかける（写真上）。
②沸騰したら火を止め、ふたをしたまま5分おく。
③ふたをずらして水気をきる（写真中・下）。軽く水で洗ったら下準備完了。
このとき、かたい石づきが残っているようなら取り、大きいものは食べやすく切る。

保存方法★売られている袋のまま、あるいは保存容器に入れ、常温保存。もどしてしまったものは、水気をきってポリ袋に入れて冷蔵保存。4～5日は大丈夫です。

おまけ情報★乾燥きくらげ20gをもどすと、26㎝のフライパンいっぱいになるくらいの量になります。半分だけ料理する場合、残りはポリ袋に入れて冷蔵庫に入れておけば4～5日は保存できるので、炒め物やスープに少しずつ入れるのも可能です。

奥薗流おすすめ素材

きのこ類

きのこにはいろいろな種類がありますが、この本では特に、一年中どこでも手に入りやすい、えのきだけ、エリンギ、まいたけ、しめじを使ったレシピを紹介しています。
これ以外のきのこも同様にどんどん料理に使ってみてください。

おすすめポイント★①食物繊維が豊富。
②低カロリー。
③免疫力を上げるβ-グルカンを含んでいる。
④一年中安定した価格で手に入る。
⑤うま味成分が多い。

きのこはなんといっても食物繊維が豊富で低カロリーなのがうれしいところ。料理に加えるだけでかさが増し、独特の食感とうまみで、満足感もアップします。また、菌床栽培の技術のおかげで、台風や猛暑など気象の変化に関係なく一年中価格が安定して、手に入りやすいのもうれしいところです。
栄養的にみると、きのこに含まれるβ-グルカンなどの多糖類が、免疫力を高め、がんの増殖を抑制する効果があるとして、近年注目されています。

保存方法★冷蔵庫で保存し、できるだけ早く食べきる。長期保存したい場合は、食べやすく切ったり小房に分けたものを冷凍保存用の袋に入れ、冷凍保存することも可能です。その場合、数種類のきのこを一緒に混ぜて保存しておくと、使うときに、一度にいろいろなきのこのうまみを楽しむことができます。

おまけ情報★きのこは1種類でもうまみをたっぷり含んでいますが、数種類組み合わせることでさらにうまみがアップします。
きのこは基本的に洗わずに調理するのが、香りやうまみを逃がさないコツです。

きくらげのきんぴら

材料（作りやすい分量）
きくらげ　20g
しょうが（せん切り）　1かけ
ごま油　大さじ1
しょうゆ　大さじ2

作り方
①きくらげとひたひたの水をフライパンに入れ、ふたをして火にかける。沸騰したら火を止めて5分おく。
②きくらげがもどったら水気をきり、軽く洗っておく。
③きくらげをフライパンに戻し入れ、水分を飛ばしながらからいりする。
④水分が飛んだらごま油としょうがを入れて炒め合わせ、しょうゆで味を調える。

✿なんともシンプルなレシピですが、ああ、きくらげっておいしいな～としみじみ思えること間違いなし。きんぴらというと、しょうゆとみりん、砂糖などで甘辛く仕上げるのが普通ですが、きくらげの場合はしょうがでパンチをきかせて、しょうゆだけですっきり仕上げたほうが、絶対おいしいです。
きくらげ20gをフライパンでもどすと、26cmのフライパンいっぱいになるんですが、この料理食べだしたら止まらなくて、私は一人で全部食べてしまいます、ホント。

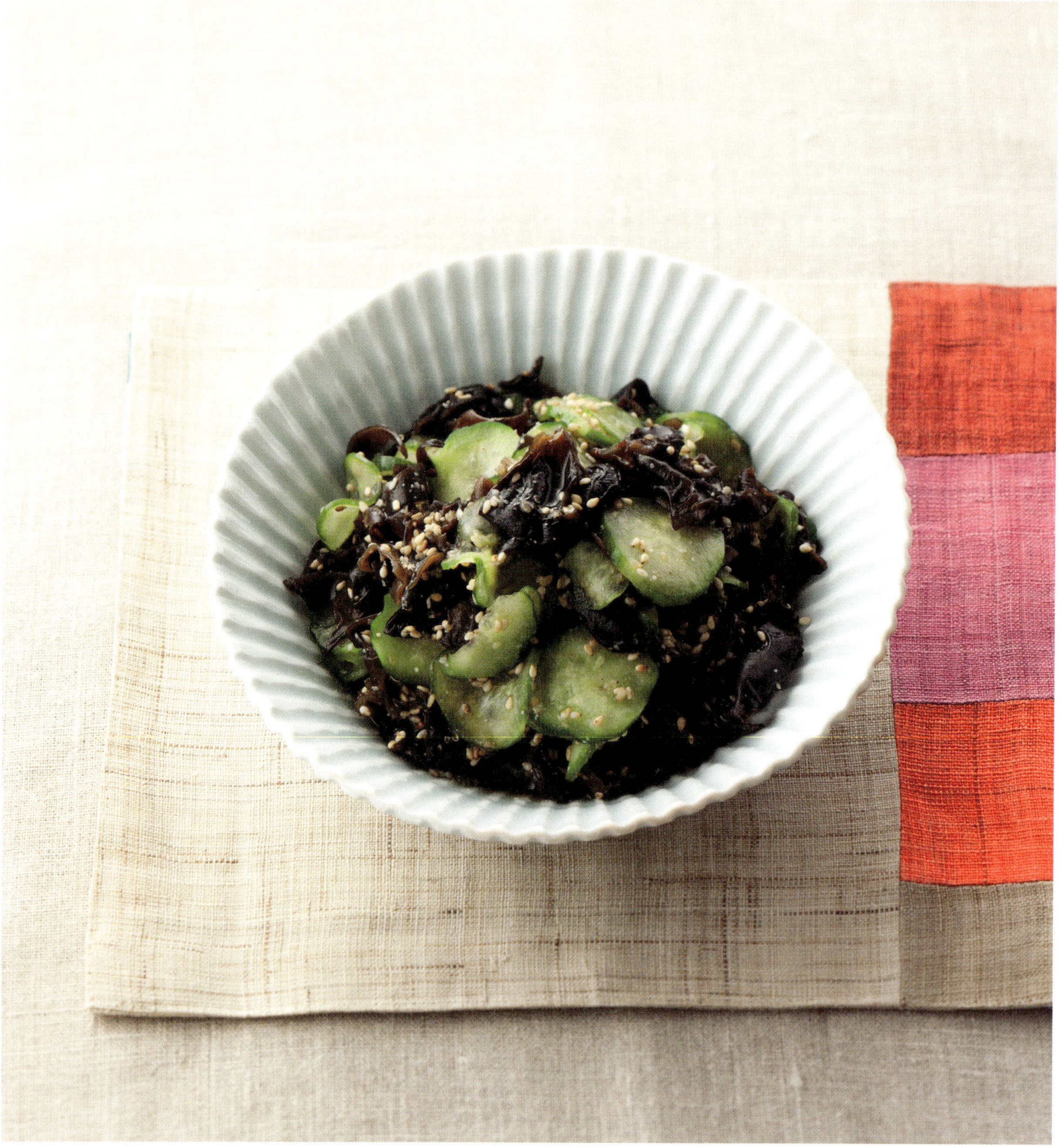

きくらげときゅうりのごま酢漬け

材料(2人分)

きくらげ　20g
きゅうり　2本
塩　少々
A 酢　大さじ4
　砂糖　大さじ2
　しょうゆ　大さじ1
　すりごま　大さじ2

作り方

①きくらげとひたひたの水をフライパンに入れ、ふたをして火にかける。沸騰したら火を止めて5分おく。
②きくらげがもどったら水気をきり、軽く洗ってざく切りにする。
③きゅうりは小口切りにして塩でもみ、水気を絞る。
④Aを混ぜたものにきくらげときゅうりを混ぜる。

✿中華料理の前菜に出てくるくらげは海産物ですが、くらげでできる料理をきくらげで作っても悪くないんじゃないかと思い、考えたのがこれ。思ったとおり、こりこりしたきくらげとごま酢の相性は抜群。漬けてすぐもおいしいですが、ときどき混ぜながらちょっと漬け込んだほうが味がなじみます。

保存は冷蔵庫で3〜4日。ハムとかわかめなど一緒に漬け込んでも悪くはないのですが、私はシンプルにきくらげときゅうりだけの組合せがいちばんおいしいと思います。

きくらげと油揚げの甘辛煮

材料(2人分)

きくらげ　10g
油揚げ(細切り)　1枚
A 水　½カップ
　しょうゆ、みりん　各大さじ1
　はちみつ　小さじ1

作り方

①きくらげとひたひたの水をフライパンに入れ、ふたをして火にかける。沸騰したら火を止めて5分おく。

②きくらげがもどったら水気をきり、軽く洗っておく。

③フライパンにAと油揚げときくらげを入れ、ふたをして5分ほど煮る。

④煮汁が残っているようなら、ふたを開けて煮汁を煮つめて、でき上り。

✿うどんにきくらげを入れたらおいしいんじゃないかと思い、やってみたんですが、きくらげをそのまま入れると、ちょっと微妙な感じなんですよね。まずくはないんですが。それで、いろいろ試行錯誤しているうちに、油揚げと甘辛く煮るに至ったのでした。きくらげを甘辛く煮るなんて、私もいまだかつて見たことも聞いたこともないんですが、意外や意外、甘辛味のきくらげ、これ、けっこういけるんです。うどんじゃなくてご飯のおかずとしても、いいですよ。保存は冷蔵庫で2～3日。でもすぐに食べちゃうけどね。

きくらげのスープ

材料(2人分)

きくらげ　10g
A 水　2カップ
　昆布(1×10cmのもの)　1枚
B 豚肉(薄切り)　100g
　塩　小さじ½
長ねぎ(小口切り)　½本
しょうゆ　小さじ2
水溶き片栗粉　適宜
ごま油、こしょう　各適宜

作り方

①きくらげとひたひたの水をフライパンに入れ、ふたをして火にかける。沸騰したら火を止めて5分おく。

②きくらげがもどったら水気をきり、軽く洗っておく。

③Bの豚肉は、一口大に切って塩をもみ込む。

④Aを鍋に入れ(昆布はキッチンばさみで端から細く切りながら入れる)、火にかけて沸騰したら豚肉を入れる。

⑤豚肉に火が通ったらきくらげと長ねぎも入れ、しょうゆで味を調える。

⑥水溶き片栗粉でとろみをつけたら、最後にごま油とこしょうを入れる。

✿きくらげってスープで煮ると、ぷりぷり感がちょっと変化して、なんだか豚肉の脂身のような食感になるんです。とろりと煮えた肉のゼラチン質のようなやわらかさというか。だからスープに入れて煮ると、きくらげの違ったおいしさと出合うことになり、きくらげ好きとしては、これもまた大好きな一品なのです。

豚肉は塩をもみ込んでから湯の中に入れると、豚肉自体もスープも両方おいしくなります。こしょうとごま油が味を引き立てます。

きのこのナムル

材料（2人分）

きのこ　2パック
酒　大さじ1
万能ねぎ（ざく切り）　½束
塩　小さじ½
ごま油　大さじ1

作り方

①きのこは好みのものを食べやすく切って鍋に入れ、酒も入れたら、ふたをして火にかける。

②きのこがしんなりしたら、万能ねぎを入れてさっと火を通し、塩で味を調え、ごま油を回し入れる。

✿この料理は、わざわざきのこを買ってきて作る、というよりは、鍋物とかで中途半端に残ったきのこで、ちゃちゃっと作る！そんな感じです。ですから、入れるきのこの種類も分量も適当でいいのです。

　きのこの水分と少量の酒で蒸し煮にするので、ぴったりふたの閉まる小さめの鍋で作ると、うまく蒸気が回ると思います。塩加減は、味をみて調節してみてくださいね。

きのことキャベツのサラダ

材料（2人分）

エリンギ　1パック
えのきだけ　1袋
にんにく（薄切り）　1かけ
オリーブオイル　大さじ1
ツナ缶　小1缶
しょうゆ　大さじ1
キャベツ（ざく切り）　2〜3枚
レモン汁　½〜1個分
塩、こしょう　各適宜

作り方

①きのこは食べやすく切る。

②フライパンににんにくとオリーブオイルを入れて火にかけ、いい香りがしてきたらきのこを炒める。

③ツナ缶を缶汁ごと混ぜ、きのこがしんなりしたらしょうゆで味を調える。

④キャベツをボウルに入れ、その上から熱々の③を入れて全体を混ぜる。

⑤レモン汁をかけ、塩、こしょうをふってでき上り。

✿きのこを炒めるとき、きのこのしゃきっとした食感を味わいたいのなら、ふたをせずに炒めるのがポイントです。熱くしたフライパンに油を入れてきのこを入れ、塩少々をふって焦げ目がつくまでさわらずに焼く感じで加熱すると、適度に水分が飛んで、うまみがぎゅっと凝縮されるのです。

　また、きのこをサラダにするとき、きのこと生野菜を混ぜてからドレッシングを混ぜるのではなく、きのこ自体に味をつけてから生野菜と混ぜるほうが、味にめりはりがついておいしくなりますよ。

きのこと昆布のつくだ煮

材料（2人分）

エリンギ　1パック
まいたけ　1パック
A しょうゆ　大さじ2
　みりん　大さじ2
　酒　大さじ2
　昆布（1×10cmのもの）　2〜3枚
かつお節　1パック（5g）

作り方

①きのこは食べやすく切る。
②鍋にAときのこを入れ（昆布はキッチンばさみで端から細く切りながら入れる）、ふたをして火にかける。
③きのこがしんなりしたらふたを開けて軽く水分を飛ばし、かつお節を混ぜる。

✿手作りのきのこと昆布のつくだ煮が常備してあれば、ちょっとした箸休めにもお酒の後のお茶漬けにも重宝しますね。普通は長時間コトコト煮るんですが、ささっと作れるのが奥薗流。昆布を細く切ればさっと煮るだけでも充分うまみが出るし、最後にかつお節を入れて調味料をきのこに全部からめてしまうので、さっと加熱するだけでも充分深みのある味になるのです。きのこはありあわせのものを数種類合わせるとおいしくなります。エリンギを入れるとまつたけみたいに見えるので気に入っています。

きのこと春雨のうま煮

材料（2〜3人分）

えのきだけ、しめじ　各1パック
緑豆春雨　50g
A 豚ひき肉　150g
　塩　小さじ½
　おろしにんにく　1かけ分
　おろししょうが　1かけ分
B 水　½カップ
　しょうゆ　大さじ1
　はちみつ　小さじ1
　片栗粉　小さじ1
万能ねぎ（小口切り）　適宜
ごま油、こしょう　各適宜
酢　適宜

作り方

①きのこは食べやすく切る。春雨は5分ほど水につけ、キッチンばさみで食べやすく切っておく。
②フライパンにAを入れてよく混ぜてから火にかけ、ひき肉の色が変わったらきのこも入れて炒める。
③春雨をきのこの上にのせ、水大さじ2〜3を加えたらふたをして、弱火で3〜5分蒸し煮にする。
④Bを入れて混ぜながら加熱し、とろみがついたら万能ねぎを加える。ごま油とこしょうをふってでき上り。食べるときに好みで酢を入れても。

✿これは本当にご飯がすすむおかずです。ポイントは、春雨のもどし方。水でもどした春雨を、ひき肉、きのこと一緒に蒸し煮にするところです。ふたをして煮ることできのことひき肉のうまみが蒸し汁に出て、そのうまみを春雨が全部吸うので、これはもう、間違いなくおいしいですよね。水でもどした春雨は、しっかり水をきらないで、ぽたぽた水が落ちるくらいでのせると、いい感じで蒸し煮になります。ふたを開けたときに春雨が少しくっついているかもしれませんが、蒸し汁をからませながら混ぜると、うまくほぐれると思います。

　片栗粉入りの合せ調味料を一気に入れると、あっという間にとろりとしたうま煮ができ上がります。

い

[い]は芋類です。

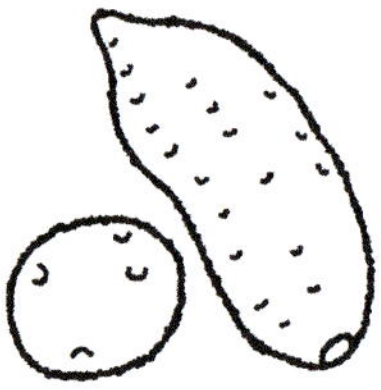

いもも種類がたくさんありますが、この本ではじゃがいも、さつまいも、長芋、里芋を中心にレシピを紹介しました。

奥薗流おすすめ素材

じゃがいも

おすすめポイント★①カリウムを多く含んでいる。
②こわれにくいビタミンCを含有。
③保存性が高い。
じゃがいものビタミンCはでんぷんでガードされているのでこわれにくいのが特徴です。加えてナトリウムの排出を促してくれるカリウムもたっぷり。保存性に優れ、さまざまな料理に使いやすいので、買置きしておくとすぐに使える優れものです。

保存方法★寒い季節には常温保存も可能ですが、暖かくなってくると芽が出る心配があるので、ポリ袋に入れて冷蔵庫で保存するのがおすすめ。りんごと一緒に保存するとエチレンガスの働きで発芽を遅らせることができます。

おまけ情報★電子レンジで加熱するときは、100gにつき2分(600Wの場合)。丸ごとゆでるときは水から、切ったものをゆでるときは沸騰したところに入れると、うまく中まで火が通ります。

奥薗流おすすめ素材

さつまいも

おすすめポイント★①ビタミンCを多く含んでいる。
②食物繊維の含有量も多い。
③自然の甘みがある。
④ポリフェノールを含む。
ビタミンC、食物繊維の多さは、芋類の中でトップです。ビタミンCは血管を強化し動脈硬化予防の効果が期待できるビタミンです。加えて自然の甘さがあるので、デザートとしても食べられるのがうれしいところです。さつまいもの赤い皮の部分には抗酸化作用のあるポリフェノールが含まれているので、皮ごと調理するのがコツです。

保存方法★寒さと湿度に弱いので、ラップをしたり袋に入れたりせずに常温保存がおすすめ。気温が高くなってくると芽が出るので、なるべく涼しくて暗いところに保存してください。水っぽい芋も、保存することで糖度が増します。

おまけ情報★さつまいもに含まれるでんぷん質を麦芽糖に変える酵素は、50~60℃の間で活発に働くので、この温度帯をできるだけゆっくり通過させるように調理するとさつまいもの甘みを引き出せます。つまり弱火でじっくり加熱することで、さつまいもが甘くなるのです。電子レンジ加熱は向きません。

奥薗流おすすめ素材

里芋

おすすめポイント★①いも類の中では低カロリー。
②ねばねば成分のムチンを含む。
③冷めてもおいしい。

里芋は１００ｇあたり58ｋｃａｌ、いも類の中では特にカロリーが低いのがうれしいところです。また、里芋のねばねば成分のムチンは水溶性の食物繊維。胃腸を保護し、肝機能や腎機能の強化、血糖値の上昇を緩やかにするなどの効果が期待できます。

里芋は、皮をむくのがめんどくさい気がしますが、まとめてゆでておくのがおすすめです。ねばねば成分のおかげで、ゆでたものを冷蔵庫に入れておいてもぱさつかずにおいしく食べられ、また、手で皮がつるりと向けるのでラクチンです。加熱したものをスープや煮物に入れるだけで、手軽に里芋を食べることができます。

保存方法★冷気と湿度に弱いので、新聞紙に包んだり、紙の箱に入れたりして常温保存。

おまけ情報★がりがりしておいしくない里芋は、薄く切って炒め物にしたり、フライドポテトのように揚げると、また違ったおいしさになります。

奥薗流おすすめ素材

長芋

おすすめポイント★①生で手軽に食べられる。
②消化酵素のアミラーゼが含まれている。
③ねばねば成分のムチンを含有。
④低カロリー。

長芋は、なんといっても生で食べられるのがいいところです。でんぷん消化酵素のアミラーゼをたっぷり含んでいるので、消化を促し、疲れた胃をいたわってくれます。またねばねば成分のムチンも胃腸を保護し、肝機能、腎機能の強化が期待できるので、滋養強壮におすすめです。

１００ｇあたり65ｋｃａｌと低カロリーなのもうれしいところです。

保存方法★切り口をぴったりラップで包んで冷蔵庫で保存。すりおろしたり、たたいたりしたものは、状態が変わりやすいのでできるだけ早く食べてください。長く保存したい場合は冷凍がおすすめ。すりおろしたものは保存袋に入れて薄く広げて冷凍庫に入れておくと、必要な分だけ折って使えるので便利です。食べるときは自然解凍で。

おまけ情報★ポリ袋に入れてたたくと、簡単にとろろになります。ところどころつぶれていないところが残りますが、それがまたしゃりしゃりした食感でおいしいのです。取り出すときは、袋の口を縛り、袋の角を切って絞り出すと、手も汚れず手軽です。

シンプルポテトサラダ

材料(2人分)

じゃがいも　2個
玉ねぎ　¼個
きゅうり　1本
塩、こしょう　各適宜
マヨネーズ　適宜

作り方

①じゃがいもは皮をむいて大ぶりに切り、さっと水にさらして表面のでんぷんを洗い流す。玉ねぎは薄切りにする。
②鍋に湯を沸かし、沸騰したところにじゃがいもを入れ、ふたをしてゆでる。
③じゃがいもがやわらかくなったら玉ねぎを入れ、さっと火を通したら、ふたをずらして湯を捨てる。
④再び鍋を火にかけて、鍋の中の水分を飛ばしながら揺すり、じゃがいもを粉ふきにする(写真)。
⑤熱いうちに塩、こしょうをふって味をつけ、冷ます。
⑥きゅうりは小口切りにして塩もみし、⑤に入れてマヨネーズであえる。

✿わが家のポテトサラダは、ごくごくシンプル。普通はじゃがいもを丸ごとゆでますが、私は皮をむいて、切ってからゆでます。このとき湯が沸騰したところにいもを入れるのがコツです。丸ごと皮つきでゆでるときは、中と外の火の通りを均一にするために水から入れるほうがいいのですが、切ったいもをゆでるときは、沸騰したところに入れて表面にさっと火を通すことでビタミンの流出を防げるし、煮くずれもしにくくなるのです。いもがゆで上がる直前に玉ねぎを入れるのが奥薗流。玉ねぎにさっと火が通ることで辛みが抜け、甘みが出ます。ふたをずらして湯をきったら、鍋を揺すって粉ふきにします。これでほくほくのおいしいゆで上りになるのです。いもが熱いうちに塩、こしょうで下味をつけておくと、あとでマヨネーズと合わせたときに、味がぴたっと決まります。

じゃがいもの和風オムレツ

材料(2人分)

じゃがいも　2個
長ねぎ(小口切り)　½本
塩、こしょう　各適宜
A卵　3個
　塩、こしょう　各適宜
ごま油　大さじ1
しょうゆ　適宜

作り方

①じゃがいもは皮をむいてラップをし、電子レンジ(600W)に5〜6分かける。
②じゃがいもを食べやすく切ったら、ごま油をひいたフライパンで焼く。
③いい焼き色がついたら長ねぎも加えて炒め、塩、こしょうで味をつける。
④Aをよく混ぜ、③の上から回しかけ、大きく混ぜる。
⑤全体が半熟状になったらふたをして、弱火で好みのかたさになるまで火を通す。二つ折りにして、お皿に取り出し、好みでしょうゆをかける。

✿じゃがいものオムレツは、家族みんな大好きなのでよく作ります。時間のあるときは生のじゃがいもをフライパンに入れ、じっくり揚焼きにするのですが、急ぐときは電子レンジで加熱して入れます。600Wの電子レンジだと、じゃがいも100gにつき2分が目安です。

　大きなオムレツを上手に焼くには、卵液を入れてから大きく混ぜ、ふたをして蒸焼きにするんです。卵が好みの半熟ぐあいになったら、そこでぺたんと二つ折り。そうすると中は好みの半熟、外はこんがりおいしそうな焼き色のついたオムレツが失敗なくできるというわけ。ぜひお試しあれ。

じゃがいもとじゃこのゆかり炒め

材料(2人分)

じゃがいも　2個
ちりめんじゃこ　20g
オリーブオイル　小さじ1
赤しそふりかけ　適宜

作り方

①じゃがいもは皮をむいてせん切りにし、水で洗って、表面のでんぷん質をきれいに洗い流す。
②フライパンにオリーブオイルを入れてじゃがいもを炒める。
③じゃがいもが透き通ってきたら、ちりめんじゃこも入れて炒める。
④器に盛って、赤しそふりかけをかける。

✿じゃがいもは料理するのに時間がかかると思いがちですが、こんなふうに細切りにしてしまえば、短時間で火が通ります。炒め物にするときは、切ったあと流水で洗い、表面のでんぷん質を洗い流してしまうのがコツ。この一手間を省くと、しゃきっと炒め上がらないのです。

　ちりめんじゃこと一緒に炒め、赤しそふりかけをまぶしたのは、彩りもきれいだし、冷めてもおいしいので、お弁当のおかずによく作ります。もちろんしょうゆとみりんできんぴら味にするのもいいし、塩、こしょうで、さっぱり仕上げるのもおいしいものです。

じゃがいものごまみそ炒め

材料(2人分)

じゃがいも　2個
A みそ　大さじ1
　はちみつ　大さじ1
すりごま　大さじ2
ごま油　大さじ1

作り方

①じゃがいもは皮ごとラップをして、電子レンジ(600W)に5~6分かける。
②やわらかくなったら食べやすく切り、ごま油をひいたフライパンで香ばしく焼く。
③Aをからめながら炒め、最後にごまをまぶす。

✿以前飛騨高山の人里離れた民宿に泊まったときのこと。宿の奥さんが作ってくださった料理はどれもおいしく、中でも小さなくずいもを皮ごと油で揚げて、こってりした甘みそをからめたものは、くせになるおいしさでした。うちに帰ってから、さっそくまねをして作ったのがこれ。いもを油で揚げるのが大変なので、電子レンジで加熱してから、油でかりっと焼くようにしたのは、私の工夫です。じゃがいもを皮ごとかりっと焼くと、皮のおいしさが引き出され、丸ごと揚げたようなおいしさが味わえます。最後にすりごまをたっぷりまぶすと、コクが出てさらにおいしくなります。

さつまいもとりんごの重ね煮

材料(2～3人分)

りんご　1個
砂糖　大さじ2
さつまいも　1本
ヨーグルト　適宜

作り方

①りんごは皮をむいていちょう切りにして鍋に入れ、砂糖を全体にからめて10分ほどおく。

②さつまいもは皮ごといちょう切りにして、表面のでんぷん質を水で洗い流す。

③りんごから水分が出てきたら、さつまいもをのせて、ふたをして蒸し煮にする。

④さつまいもがやわらかくなったら全体を混ぜて火を止め、粗熱が取れたら冷蔵庫に入れ、いただくときに好みでヨーグルトをかける。

✿これはわが家の定番おやつ。ポイントはりんごに砂糖をまぶして水分を引き出し、そのりんごが持っている水分だけで蒸し煮にすること。そして、ぴったり閉まるふたをして、弱火でじっくり火を通すのも大事なポイント。りんごの水分だけなので、水分が少ないため焦げつきやすいというのもありますが、弱火でじっくり加熱することでさつまいもがうんと甘くなるのです。水を入れると、その分味が薄まるので、どうしても砂糖をたっぷり入れたくなるのですが、このやり方なら、りんごとさつまいもの甘みをうまく引き出せるので、ヘルシーに仕上げることができるのです。

さつまいものてんぷら風衣焼き

材料(2人分)

さつまいも　1本
A小麦粉　大さじ4
─水　½カップ
オリーブオイル　適宜
塩　適宜

作り方

①さつまいもは焼きいもにするか、ふかしておく。

②①のさつまいもを2cm厚さくらいの輪切りにする。

③Aを混ぜた衣をさつまいも全体にからめ、オリーブオイルをひいたフライパンで両面こんがり焼く。

④器に盛って、塩をふる。

✿毎年秋になると、焼きいもにはまります。私の焼きいもの作り方は、さつまいもを大ぶりに切り、オリーブオイルと塩をからめてアルミホイルに包み、200℃のオーブンで20～30分焼くのです。オリーブオイルと塩、アルミホイルに包む、というところがポイントで、オイルをからめることでしっとりと焼き上がり、塩をふることで甘みがぐんと引き立つんです(写真)。

焼きいもをたっぷり作って食べ残したいもののリメイク料理として、最も気に入っているのがこれ。衣をつけて焼くだけなんですが、外はさくさく中はほくほく、てんぷら風のおいしさが楽しめるんです。

さつまいもと油揚げのさっと煮

材料(2人分)

さつまいも　1本
油揚げ　1枚
A 水　1カップ
　昆布(1×10cmのもの)　1枚
　しょうゆ　大さじ2
　みりん　大さじ1
　砂糖　大さじ1

作り方

① さつまいもは皮ごと1〜1.5cm厚さの輪切りにして、表面のでんぷん質を水で洗い流す。油揚げは食べやすく切る。

② Aを鍋に入れ(昆布はキッチンばさみで端から細く切りながら入れる)、沸騰したら、さつまいもと油揚げを入れ、ふたをして弱火でさつまいもがやわらかくなるまで煮る。

✿何でもとりあえず油揚げと煮ればおいしくなるはず、これたぶん京都人の発想。そんなわけで、京都人の私はさつまいもも油揚げと煮ちゃいました。甘いだけじゃなく、しょうゆをきかせた甘辛味にしてみると、さつまいもなのにご飯のおかずになりました。

最初はかつお節を入れて、うまみをプラスしていたのですが、何回も作っているうちに、油揚げのうまみだけでさつまいもを煮たほうがおいしくなるような気がして、今ではだしを使わずに、水だけで煮ています。

さつまいもご飯

材料(2〜3人分)

さつまいも　1本
ちりめんじゃこ　40g
米　2カップ
水　2カップ強
酒　大さじ2
昆布(1×10cmのもの)　1枚
塩　小さじ1

作り方

① 米は普通に洗って、分量の水に30分以上つける。

② さつまいもは皮ごと2cm厚さのいちょう切りにし、流水で洗って、表面のでんぷんを洗い流す。

③ すべての材料を炊飯器または鍋に入れて(昆布はキッチンばさみで端から細く切りながら入れる)、普通に炊く。

✿さつまいものおいしい季節になると、一度は食べたい炊込みご飯です。普通はだしを入れず塩と酒だけで炊き込んでいくのですが、ちりめんじゃこを入れて炊くとうまみもアップし、食べごたえも充分です。

さつまいもは皮ごと大きく切って炊き込むのがおすすめ。小さく切ると炊いている間に煮くずれして、さつまいもの形がなくなってしまうのです。また皮ごと入れることで栄養的にもいいですし、彩りもぱっと華やかになります。

里芋だんごの五平餅

材料(2人分)

里芋　2〜4個
ご飯　茶碗1〜2杯分
塩　適宜
ごま油　適宜
Aみそ　大さじ1
—はちみつ　大さじ1

作り方

①里芋は皮ごとゆでて、やわらかくなったら皮をむき、ボウルに入れる。
②熱いご飯と塩を加えて、めん棒などでつぶしながら里芋とご飯を混ぜる(写真)。
③食べやすい大きさに丸めて平たくし、ごま油をひいたフライパンで両面こんがり焼く。
④Aを混ぜたみそを表面にぬる。

✿里芋をご飯に炊き込むと、里芋の粘りでご飯がもちもちになり、まるでもち米のような食感になるんです。炊きたてはそのまま食べ、次の日は、それをめん棒でついてお餅のようにし、しょうゆをつけて食べたり、おはぎのようにきな粉やあんこをつけて食べたりするのが、わが家でのおきまりのコース。子供たちも大好き。
　それをもっと簡単にふつうのご飯で作れるようにしたのがこれ。ご飯も里芋も熱々でつぶして混ぜると、ねっとりとしてうまく混ざります。丸めるときは、手を水でぬらしておくと手にくっつきません。甘みその代りに、こんがり焼いたのにしょうゆをぬってのりで巻けば安倍川風にもなるし、ケチャップとピザ用チーズをのせればピザ風にもなります。

里芋のすいとん汁

材料(2人分)

里芋　4個くらい
片栗粉　大さじ2〜3
水　2カップ
昆布(1×10cmのもの)　1枚
油揚げ　1枚
万能ねぎ(ざく切り)　適宜
塩、しょうゆ　各適宜
かつお節　ひとつかみ

作り方

①里芋は皮ごとゆで、皮をむく。油揚げは食べやすく切る。
②里芋をボウルに入れてめん棒でつぶし、片栗粉と塩少々も入れてさらにつぶす。
③鍋に水と昆布を入れて(昆布はキッチンばさみで端から細く切りながら入れる)火にかけ、沸騰したら②の里芋を食べやすい大きさに丸めながら入れ、油揚げも加える。
④だんごに火が通ったら塩、しょうゆで味を調え、万能ねぎとかつお節を入れる。

✿里芋を買ってきたら、とにかくまとめてゆでてしまう。それだけで里芋を食べる回数がうんと増えます。たとえばこのすいとん。ゆでた里芋があればつぶして片栗粉を混ぜ、後はスープに入れるだけ。ご飯が足りないときとか、ちょっと小腹がすいたときに、ぱぱっと作れて重宝します。そばがき風にゆでた里芋すいとんを、わさびじょうゆで食べるのも、私は大好きです。

　ここでは簡単なおすまし仕立てにしていますが、洋風のトマトスープのようなものに入れると、イタリア風のニョッキのようになって、それもまたおいしいのです。

里芋のガーリック炒め

材料(2人分)

里芋　8個くらい
オリーブオイル　大さじ1
にんにく(粗みじん切り)　1かけ
塩、こしょう　各適宜
粉チーズ　適宜
パセリ(みじん切り)　適宜

作り方

①里芋は皮をむいて1cm厚さの輪切りにし、さっと水にさらす。
②フライパンにオリーブオイルを入れて里芋を炒め、ふたをして蒸焼きにする。
③里芋がやわらかくなったらにんにくを入れてさらに炒め、塩、こしょうで味を調える。
④最後に粉チーズとパセリをかける。

✿里芋って、切り方で食感が変わるって知ってました？　1cmくらいの厚さの輪切り(または半月切り)にすると、ほろっと口の中でくずれる感じで、ちょっと里芋じゃないみたい。しかもこの切り方だと早く火が通るのもうれしいところ。みそ汁に入れるときも、急ぐときはこの切り方で。

それから、里芋って、当り外れがあり、どんなに加熱してもごりごりした仕上りにしかならないようなのもありますが、そんな芋にあたったときも、こんなふうに切ると、それはそれでおいしく食べられたりしますよ。

里芋のそぼろ煮

材料(2人分)

里芋　5〜6個
A 鶏ひき肉　150g
　しょうゆ　大さじ2
　みりん　大さじ2
　おろししょうが　1かけ分
水　1カップ
昆布(1×10cmのもの)　1枚
水溶き片栗粉　適宜
万能ねぎ(小口切り)　適宜

作り方

①フライパンにAを入れてよく混ぜ、さらに水と昆布(キッチンばさみで端から細く切りながら入れる)を加えて火にかける。
②ときどきかき混ぜながら加熱し、ひき肉に火が通ったら、皮をむいて食べやすく切った里芋を入れてふたをする。
③火を弱めて里芋がやわらかくなるまで5〜10分煮る。
④里芋がやわらかくなったら、水溶き片栗粉でとろみをつけ、万能ねぎを散らす。

✿芋類はちょっとという男性も、甘辛味のそぼろ煮は好き、という人多いですよね。ポイントは、ひき肉が生のうちに調味料を混ぜ、それから水と昆布を入れて火にかけると、ひき肉の中までしっかり味がつき、またふっくら仕上がっておいしくなります。里芋を入れるのは煮汁のひき肉に火が通ってから。最初から里芋を入れて煮てしまうと、ひき肉が下に沈んで固まってしまうのです。里芋は下ゆでなしで煮ることで、煮汁にいい感じのとろみがつきます。吹きこぼれやすいので、ふたをするとき、少しずらしておくといいですよ。

豆腐とろろ

材料(2人分)

長芋　200g

豆腐　½丁

ぽん酢しょうゆ　適宜

作り方

① 長芋は皮をむいてポリ袋に入れ、めん棒でたたいて砕く(写真)。

② 豆腐を加え、袋の上からもんで混ぜる。

③ 袋の口を縛り、角を切って器に絞り出す。

④ ラップをして、1個につき電子レンジ(600W)に1分30秒〜2分かける。いただくときにぽん酢しょうゆをかける。

✿長芋のとろろって、ちょっとホワイトソースに似ていると思いません？　だから豆腐にかけて、豆腐グラタンにしようと思ったんです。でもただかけただけだと豆腐と長芋がどうもうまくからまないんです。それであるとき、この二つを最初から混ぜてみると、案外おいしいんですよ。そうしてでき上がったのがこの料理。オーブンとかオーブントースターで焼くと、長芋のとろっとした食感がうまく出ないので、電子レンジにかける方法に落ち着きました。

ここではぽん酢でさっぱり仕上げましたが、ピザ用チーズをかけてめんつゆで食べるのもおすすめです。

長芋ジョン

材料(2人分)

長芋　200g

A 卵　1個
　小麦粉　大さじ2

ごま油　大さじ1

B しょうゆ　大さじ2
　酢　大さじ2
　万能ねぎ(みじん切り)　½束
　ごま油　小さじ1

作り方

① 長芋は1cm厚さの輪切りにする。

② Aを混ぜて衣を作り、長芋にからめる。

③ フライパンにごま油を入れて、②を両面こんがり焼く。

④ Bを混ぜたたれをかける(または添える)。

✿ジョンというのは、卵の入った衣をつけて焼いた韓国料理。長芋で作ってみると、さくっとした衣としゃりしゃりした長芋の食感が、とっても面白い一品になりました。長芋は、きれいに洗えば皮つきのままで大丈夫。焼上りの目安は、衣に香ばしい焼き色がついたらOKです。長芋はしっかり火が通っても少し生でも、どちらでもおいしいので、そのときの気分で、加熱ぐあいを加減してみるといいですよ。ここではねぎだれをかけてみましたが、コチュジャンに酢を混ぜたピリ辛だれなんかもおいしいですよ。

きのこのとろろ煮

材料(2人分)

長芋　200g
しめじ(小房に分ける)　1パック
まいたけ(小房に分ける)　1パック
A 水　1カップ
　昆布(1×10cmのもの)　1枚
　しょうゆ、みりん　各大さじ2
かつお節　1パック(5g)
三つ葉(ざく切り)　適宜

作り方

①フライパンにAを入れ(昆布はキッチンばさみで端から細く切りながら入れる)、火にかけて沸騰したら、きのこを入れ、ふたをして2〜3分煮る。
②長芋は皮をむいてポリ袋に入れ、めん棒でたたく。
③きのこがくたっとなったら、かつお節を加える。
④②の袋の端を切って、長芋をきのこの上にかける。
⑤ふたをして、長芋が熱くなったら器にとり、三つ葉を散らす。

✿とろろって加熱をすると、生とは違うとろりとした食感になり、おいしいんです。うちでは、鍋物の中に入れて、とろろ鍋にしたり、卵とじの卵の代りにとろろを入れたりして、楽しんでいます。

　このきのこのとろろ煮は、長芋と相性のいいきのこと組み合わせてみました。長芋自体、生で食べられるものなので、火の通しぐあいはそのときの気分によって変えてみてください。さっと加熱しただけで生のところが残っている感じもいいし、ふたをしてしっかり全体に火を通しても、もちもちしてこれもまたおいしいんです。

梅とろろご飯

材料(2人分)

長芋　200g
梅干し　1個
ご飯　茶碗2杯分
青じそ(せん切り)　10枚
めんつゆ　適宜

作り方

①梅干しをポリ袋に入れて、袋の上からもんでつぶす。
②皮をむいた長芋を入れてめん棒でたたいて砕き、梅干しと混ぜる。
③袋の口を縛って、角を切り、ご飯の上に絞り出す。
④温めためんつゆを好みにかけて、青じそをのせる。

✿とろろといえば、なんといってもとろろご飯。うちでも梅肉を混ぜた梅とろろをよく作ります。梅干しはポリ袋に入れ、袋の上からもめば、まな板を汚すことなく、手軽にペースト状になります。さらにその袋の中に長芋を入れてめん棒でたたけば、無駄なくきれいに梅肉と長芋が混ざるというわけです。

　この梅とろろをご飯にかけるときも、袋の口から出すとなると大変です。口を縛って、袋の角をはさみで切れば、直接ご飯の上に絞り出せるというわけ。梅干しの種は、このとき取り除けばOKです。めんつゆはストレートタイプでも希釈タイプでも好みのもので。

奥薗壽子 おくその・としこ

家庭料理研究家。京都出身。繰り返し食べても飽きない家庭料理をこよなく愛し、「料理は楽しくシンプルに」をモットーに、いらない手間を省いた簡単でおいしくヘルシーな家庭料理を提唱。食材と調理の本質を見極めた理にかなったまっとうな簡単料理は、若い主婦はもちろん、年配の世代からも支持され、世の台所から喝采を浴びている。著書に『奥薗流・いいことずくめの乾物料理』(文化出版局刊)ほか多数。

ブックデザイン　若山嘉代子　若山美樹　L'espace
撮影　鈴木正美
スタイリング　塚本 文
イラスト　飯島 満
校閲　山脇節子
編集　加古明子(文化出版局)

奥薗流・
まごわやさしい健康料理
いいことずくめの113品

発　行　2011年2月13日　第1刷
　　　　2020年12月16日　第7刷
著　者　奥薗壽子
発行者　濱田勝宏
発行所　学校法人文化学園 文化出版局
　　　　〒151-8524
　　　　東京都渋谷区代々木3-22-7
　　　　電話 03-3299-2491(編集)
　　　　　　 03-3299-2540(営業)
印刷・製本所　凸版印刷株式会社

文化出版局のホームページ http://books.bunka.ac.jp/